你身边的创业明星

——最适合中国草根人物的创业书

高　美◎编著

北京工业大学出版社

图书在版编目(CIP)数据

你身边的创业明星：最适合中国草根人物的创业书 / 高美编著. —北京：北京工业大学出版社，2014.4

ISBN 978-7-5639-3818-6

Ⅰ. ①你… Ⅱ. ①高… Ⅲ. ①人物—先进事迹—中国—现代 Ⅳ. ①K820.7

中国版本图书馆 CIP 数据核字（2014）第 037984 号

你身边的创业明星——最适合中国草根人物的创业书

编　　著： 高　美
责任编辑： 杜曼丽
封面设计： 翼之扬设计
出版发行： 北京工业大学出版社
（北京市朝阳区平乐园 100 号　邮编：100124）
010-67391722（传真）　bgdcbs@sina.com
出 版 人： 郝　勇
经销单位： 全国各地新华书店
承印单位： 九洲财鑫印刷有限公司
开　　本： 787 毫米 × 1092 毫米　1/16
印　　张： 16.5
字　　数： 176 千字
版　　次： 2014 年 4 月第 1 版
印　　次： 2014 年 4 月第 1 次印刷
标准书号： ISBN 978-7-5639-3818-6
定　　价： 29.00 元

前　言

为了生存，每个人都面临着两条路：要么打工，要么创业。说到底，创业也是打工，不过是给自己打工。

创业的过程是非常艰辛的，虽然出现在我们面前的成功者都是衣冠楚楚、风光无限的，但是我们谁能看到他们在人后付出的艰辛？谁能看到这寥寥无几的成功者之外那大批的失败者？

对于草根创业者来说，创业的难度系数似乎又增加了许多：没有资源，没有钱，没有人手，这些都是必须面对的现实问题。在创业的过程中，孤独、失败、痛苦如影随形。那么，草根应该如何创业呢？是不是草根创业就一定会失败呢？答案是：不！

如果你不相信，就请看看本书中的主人公。他们都是草根人物：他们有的是被劝退的大学生，有的是不识几个字的农村妇女，有的曾经是煤气灶清理工……但是，如今他们都是成功人士，有的甚至有着上亿身家。他们并没有巨大的资金后盾，也没有强大的人脉，他们是如何从草根摇身一变，跻身成功人士行列的呢？这是因为他们不但选择了创业，而且选对了道路并为此付出了自己的辛苦。

创业的道路有很多，如何在众多的道路中选择适合自己的一条并获得成功？如何在创业之初挑选适合自己的合作伙伴并且一路前行、不离不弃？如何在面对困难的时候积极应对，让自己尽早脱险？如何在面对成功的时候保持清醒的头脑，让自己的成功持久地保持下去？这些问题的答案，就在这些草根创业者的身上，就在这本书里。

如果你也想创业，如果你也想成为成功人士，不妨参考、借鉴一下这本书，看看这些创业明星是如何规避风险、走上成功之路的。他们的故事，也许没有那么轰轰烈烈，也许没有太过精彩的情节，但是他们的成功之路，却值得学习。对于普通读者来说，他们的成功故事，也许比乔布斯的故事更有借鉴意义。

目　录

1. 马木提：特色烤包子，一周进账 20 万元

中华饮食文化博大精深，我国有 56 个民族，每个民族都有自己的饮食文化，有自己喜爱的小吃。生活在新疆的维吾尔族人也有他们十分喜爱的小吃——“烤包子”。如果你到新疆旅行，就会发现大街小巷都有“烤包子”的身影。古语有云，天将降大任于斯人也，必先苦其心志，劳其筋骨。新疆一个叫马木提的小伙子用自己的实际行动，验证了“天道酬勤”这个道理。他投入全部积蓄开了一家“烤包子”店，全心全意地经营自己的店铺，以家传配方及技艺烤制包子。他坚持以高于市场价的价格出售店里的包子，因为他认为“烤包子”是代表新疆特色的食品，包含着新疆文化。最终，马木提花费了 4 年时间，依靠坚持不懈的努力，成功地把拥有新疆特色的“烤包子”推进市场，在新疆开设了四家连锁店，

使越来越多的人了解和吃到“烤包子”。

马木提的父亲就是经营烤包子生意的，小时候的马木提有自己的梦想——长大以后要找一份好工作。他不愿意接下父亲的烤包子炉，他想要做自己喜欢的事。马木提觉得，作为新时代的青年，继承父亲的事业并不能体现自己的价值，他要找到自己的生活目标，并为此目标奋斗一生，卖烤包子并不在马木提的计划范围内。

为了实现自己的梦想，马木提学习一直很用功，但天不遂人愿，上天在马木提高考的时候跟他开了一个玩笑，他发挥失常，没有考上大学。马木提突然没有了目标，他不知道此时的自己怎样才能拥有一份好工作。考虑再三，马木提最终决定去上海试试运气，看是否能找到出路。刚高中毕业的马木提，脑子里只装了一些理论知识，没有任何实践经验，在上海的一段时间，马木提依然没有找到工作。离开家的时候马木提带的钱不多，为了生活，马木提想到了卖烤羊肉串。令马木提感到意外的是，自己卖的烤羊肉串儿很受欢迎，由此改变了经济拮据的状况。

经营烤羊肉串儿生意一段时间后，马木提积攒了一些存款，后来听说烤包子在青海很受欢迎，马木提马上带上行李和仅有的几千块钱转战青海。

初到青海的时候，人生地不熟的马木提遇到了很多难题，不管是租店面还是招伙计都遭遇了各种各样的麻烦，但是都被马木提解决了。虽然以前的麻烦解决了、店铺开业了，但是很快马木提又陷入了另一个困境。对于青海人来说，烤包子并不常见，光顾烤包子店的客人很少，完全没有客源。马木提明白，烤包子只能依靠薄利多销的方式吸引客源才能打开市场。可店铺没有生意，何来客源之说呢？马木提苦思冥想也没想出办法改变现状。

马木提看着烤炉中逐渐变焦的包子，百思不得其解，为什么自己的包子得不到人们的喜欢呢？突然，马木提想到父亲卖了一辈子包子，肯定清楚烤包子有什么绝技。接到马木提打来的电话，父亲很高兴，一字一句地把自己一辈子的经验都传授给了马木提。兴奋不已的马木提马上按照父亲教的方法烤包子，可烤出来的包子还是没能达到预想的味道，倔强的马木提不分昼夜，一遍遍地尝试包子的配料搭配。最终，在他的不懈努力下，终于烤出了自己最熟悉的味道。那个味道就是父亲做的烤包子的味道——熟悉、亲切。马木提激动得热泪盈眶，依靠努力取得的成果，使他明白了只要努力奋斗就一定能够取得成功的道理。

得了父亲的真传，马木提烤的包子渐渐受到人们的喜爱，越来越多的人光顾小店，生意越来越好，“烤包子”店的知名度逐渐提高。短短两年，马木提的小店收益十几万元，这是马木提长这么大赚到的第一笔“巨款”。

1997 年的广交会在马木提人生中有着不一样的意义，参加广交会的人纷纷光顾马木提的展位，对马木提的烤包子赞不绝口，短短七天时间，烤包子为马木提带来 20 万元的收益。马木提惊奇地发现，自己不屑一顾的烤包子竟然这么受欢迎，来自国外的朋友也很喜欢烤包子。马木提发现：在新疆最为普通的烤包子，换个地方出售就有不一样的收获，最简单的食材也能为自己带来收益。

上天不会一直眷顾一个人，马木提的小店被列为拆迁房。小店没有了，不安分的马木提决定寻找其他生财之道。

小店被拆之后，马木提回到了家乡。他有个朋友是做服装生意的，听说马木提回来了，就拉着马木提一起经营服装生意。他们去广州批发了一批服装，然后带回家乡出售。但是，由于没有提前考察市场，他们批发的服装价格高出其他供应商很多，因此投资进去的 6 万元连本钱都没有挣回来。

不服输的马木提决定放弃服装生意，再试投资其他生意，可这次的损失更为惨重。无奈之下，马木提决定做二手手机的生意，可马木提依然不清楚应该以什么价格买进二手手机，再以什么价格卖出去之后才能盈利。最终，由于不了解市场，马木提还是没能靠这个生意赚到钱。在家乡的这两年，马木提卖烤包子辛辛苦苦攒下来的钱，经过这几次因盲目而导致失败的投资，已经全部亏光了，马木提又变成了一个穷光蛋，他的创业之路停滞不前。

这时候的马木提，经过反复思考，觉得自己必须找到失败的原因。经过深入研究，马木提发现自己这几次投资失败主要是因为自己并不了解服装及手机销售市场，作为一个外行人，贸然尝试自己不熟悉的行业，总会失败。最终，马木提决定继续卖烤包子。

明确了目标之后，马木提于 2001 年在新疆乌鲁木齐市开办了拥有自家特色的“烤包子”店。果然不出所料，“烤包子”店的生意好得比在青海时有过之而无不及。虽然店铺在开张一年后被拆掉，可马木提另外找了一处繁华的路段继续做自己的烤包子生意，马木提成功地在新疆本地掀起了吃烤包子的热潮，每天来买烤包子的客人络绎不绝。

随着“烤包子”店生意越来越红火，马木提有点忙不过来了。一家“烤包子店”已经无法满足客人的需求，有顾客感叹道：“如果能多几家店卖烤包子就好了。”无心话语被马木提听到，他灵机一动，就开始着手开分店的准备工作。后来马木提拥有四家连锁店，店里的烤包子都由自己的工坊提供。

经历了这么多的挫折，马木提找到了成功的秘诀，重新审视了自己经营的烤包子生意。马木提突发奇想，要把自己的烤包子推广到全国乃至全世界，让更多的人吃到富有新疆特色的烤包子，让全世界的人都能了解新疆的饮食文化。马木提咨询相关部门之后，将自己的名字作为烤包子的品牌名。

看着烤包子生意越来越好，马木提又开始动脑筋了，他想要提高烤包子的知名度，想要把自己的烤包子品牌推向全世界。同时，马木提借鉴西方烘焙食品的制作方法，尝试用烤箱取代火炉的方式制作烤包子，使烤包子具有现代化气息，让人们吃着更放心。聪明的马木提还想到，如果能够把烤包子推进超市，人们购买会更方便。经过不断的考察及研究，马木提发现用烤箱取代炉子的想法不太实际，成本太高，而传统的炉子与超市的环境格格不入，于是在超市出售烤包子的计划搁浅。

虽然马木提没能使烤包子进入超市，但马木提取得的成功是不可小觑的。一个普普通通的高中毕业生，经过不断的努力，不怕失败，勇往直前，利用自己灵活的头脑，成功地创办了自己的品牌食品，他是所有想要取得成功的人学习的对象。

2. 郭俊峰：曾经被劝退的大学生

不论是过去还是现在，被劝退的学生总会被社会给以“不好学”、“没前途”等诸多说法。在社会舆论的压力下，大多数这样的学生都将在今后的人生道路上一蹶不振，更易受到社会各界的鄙视。有心人不禁发问，难道所有这样离开学校的学生都是这样的命运吗？事实证明，任何事情都不是绝对的，18 岁时由于成绩的原因而离开大学的郭俊峰就是一个特例。短短三年时间，郭俊峰这个曾经被众人鄙视的学生成为一家融实业、贸易、管理培训为一体的大型集团的总裁。郭俊峰用自己的双手创造一个奇迹，用自己的成就证明，并不是所有被学校劝退的学生都是无所作为的。

1999 年，邱虹云通过创业开创了视美乐公司，当时邱虹云已然是各类媒体关注的焦点。然而那时的郭俊峰正遭遇着人生的一大挫折，考试不及格让郭俊峰不得不提前离开他就读的郑州某大学。

面对被劝退的事实，郭俊峰和他的父母一筹莫展。这时，郭俊峰的老乡告诉他一条生财之路：用 15 万元的本金能换来千万元收益。一个虚幻的大大的蛋糕被摆在了郭家人面前。望子成龙的父母向亲朋好友筹借了十余万元，再加上老两口多年的些许积蓄，总算是凑够了 15 万元。原本以为这 15 万元能换来郭俊峰的发展，却没想到一个月后得到的是一个噩耗——短短三十来天，老乡的公司就面临破产，不要说原本许诺的千万元收益，就连作为本金的 15 万元也打了水漂。

在心力交瘁的父母不断劝说下，郭俊峰再次燃起了创业的热情之火，这次他打算和几位老乡一起做花生油生意。凭着过去郭家的信誉，郭俊峰成功地在河南采购到了十吨花生油，没想到原本决定购买花生油的深圳下家却突然改变了主意。为了尽快出手，郭俊峰不得不四处奔波。皇天不负有心人，他终于联系到一家愿意购买花生油的下家，郭俊峰也顾不得能从这笔买卖中盈利多少，只想尽快结束这趟不顺心的旅途。然而，祸不单行，原本“躺在”仓库的十吨油却被老乡运走了一多半，剩下的不到三成，好不容易找来的买家自然是“甩袖而去”。

名誉扫地，两次背叛，这让年少的郭俊峰对朋友二字感到心灰意冷。不甘屈服命运的郭俊峰下定决心，要依靠自己的一双手打造出属于自己的事业。

为了积累资本，郭俊峰一个人在深圳打工。时间飞逝，

2000年的钟声带来了郭俊峰的新生。联通公司推出的IP电话卡业务让郭俊峰看到了希望，决定当一名代理商的郭俊峰回到了郑州。

创业伊始，郭俊峰四处奔走，只为一天多卖几张联通IP卡，但是琐碎的工作并没有让他放弃自己的目标。8月份，郭俊峰终于攒够了开商行的资金，他毅然决然地开起了商行。此时的郭俊峰不仅出售联通IP卡，还销售各种电子类产品。郭俊峰的商业帝国初见模样。

媒体所报道的邱虹云的成功让已有些资本的郭俊峰有了更大的目标，次年三月份，郭俊峰招聘了数名同样胸怀大志的大学生，正式成立了越众创业管理培训机构。依靠自己的成功经历，郭俊峰成功招收到了第一批学员。在生活中，郭俊峰和员工们一边学习，一边创业。久而久之，郭俊峰招聘的几位大学生成了可以独当一面的经理人。年轻气盛的大学生们被郭俊峰派往外地，随着人脉的积累，郭俊峰在上海、北京等地开起了分公司。一段时间后，越众创业在全国已经有了十八家分公司，郭俊峰也成了名副其实的郭总裁。

站得高，看得远。事业有成的郭俊峰开始担心没有实业的商业帝国能否一直屹立神州大地。机缘巧合，2002年9月，河南的汉白明月酒业出现了资金问题，郭俊峰立刻出手，成功收购了明月酒业，并妥善处理好产品包装、市场开发等后续事务。

同年12月，正在石家庄出差的郭俊峰偶然认识了“辣婆婆水煮鱼”的老板，闲聊间郭俊峰得知这位老总有意在郑州开一家连锁分店。捕捉到商机的郭俊峰针对这个问题“不屈不挠”地请教着，一段时间后，郑州出现了一家别具特色的“辣婆婆水煮鱼”。

尝到甜头的郭俊峰先后成立了郑州越众企业管理咨询公司、上海强睿通讯科技公司，虽然并非大学生出身，但上过大学的郭俊峰依旧为郑州启点大学生创业工作室注资，这使得郭俊峰的公司又多了一项业务，即为大学生提供创业指导。

郭俊峰深知普通大学生就业的困难，他决定帮助胸怀创业之志的大学生们完成自己的创业梦想。因此郭俊峰加大了对启点大学生创业工作室的注资力度，让其为大学生提供专业的全程指导。郭俊峰的经历也证明了出头并非一定要读书，因此他决定向全国各地的大学生宣传自己的创业理念并开展免费的讲座。这一双赢的行为不仅帮助诸多大学生确立了创业的信心，而且也帮郭俊峰进一步坚定了自己创业的决心。

在郭俊峰看来，大学生创业不仅能缓解当前社会的就业压力，还能让作为特殊人群的大学生实现自身的价值。他将自己的创业经历和经验分享给大学生，通过书刊、讲座等形式给大学生提供一个合适的引导，让有志的大学生能更好地实现自己的创业梦想。

从一个被大学劝退的大二学生到一个大型集团的总裁，是什么让郭俊峰实现了这一华丽的转变？是什么让一路跌跌撞撞的郭俊峰“终成正果”？有人说是运气，有人说是天赋，也有人说是坚持不懈的必然结果。郭俊峰的商业帝国，以及诸多大学生创业成功的例子在向所有人说明，出人头地并不一定要靠学历，打造属于自己的事业并非是一个遥不可及的梦。

3. 游小芊：袜子卖一只，年赚 50 万元

游小芊，一个普普通通的成都女孩。古灵精怪，又有些马虎，这是朋友们对游小芊的评价。2007 年 4 月份，游小芊参加一场同学聚会，睡过头的游小芊没有意识到自己两只脚上的袜子迥然不同。聚会中，一向外向的游小芊和好友嬉戏打闹。不经意间，好友看到了游小芊的个性穿着，惊讶地问："小芊，你这袜子哪里买的，这么个性。"尴尬的游小芊正在盘算如何掩饰自己的窘态，却发现朋友并未嘲笑她，反而是对她的个性装扮大加赞扬。这让游小芊心生灵感，她拍着脑门嚷道：对啊！两只脚为什么一定要穿一样的袜子呢？

说干就干是游小芊为人处事的原则，聚会结束后游小芊便迫不及待地上网搜索有关资料。让她喜出望外的是，她发现在美国的服装界，一家名为"搭配小姑娘"的网络服装连锁公司正受到

人们越来越多的关注。有关人士认为“搭配小姑娘”这匹黑马会是除网上鞋店外的又一家成功的网络公司。

“搭配小姑娘”的强势崛起吸引了游小芊的眼球，因此她不遗余力地探索这家公司的运作模式。经过一段时间的考察后，游小芊发现这家公司是靠销售袜子起家的。“搭配小姑娘”在创立初期，依靠别具特色的设计和鲜艳的色彩吸引了无数女性的眼球。不论是少女，还是成熟女性；不论是白领，还是影视明星，都无法抗拒“搭配小姑娘”带来的巨大诱惑。短短两年时间，这家公司销售的袜子超过 60 万只，在全国范围内更是拥有 600 多家实体连锁店，公司的实体资产和虚拟资产总价值高达 1 亿美元。

“搭配小姑娘”的成功让游小芊倍感意外，一向不在意服装搭配的游小芊只好向网络求助。通过搜索数据和市场调查，游小芊发现白领们越来越在意搭配的个性化和创意化。由于工作原因，大多数白领们无法在衣着、发型、饰品等方面“大做文章”，因此袜子作为服装搭配不可或缺的一部分获得了大量白领的青睐。有过相关经历的游小芊发现，在大多数人的生活中都会思考这样一件事情：我的另一只袜子放在哪里了？当人们找不到那只离奇失踪的袜子时，大多数人的选择是重新挑选一双袜子，这是大部分人的固定性思维。

那么，想要在袜子搭配上做文章，想要帮助部分生活马虎的人解决找不到另一只袜子的问题，只有出售不成对的袜子这一种办法。游小芊认为，只要不成一对，不同颜色、款式的袜子可以随意搭配，这就是无数白领所追求的创新和个性。

想通这一点的游小芊毅然决然地放弃了原本的工作，决心做一名袜子专卖店的老板。在说服家人之后，游小芊集资开了一家名为“足意”的小店，“足意，足够创意，足矣。”这就是小店的销售理念。放弃工作后，游小芊有大把时间可以用在自家小店的经营上。她做的第一件事情就是将采购来的各种袜子全部打乱，然后凭个人喜好随意搭配，为此她还特地请来了家中的女性成员为这些袜子“创意配对”。

做好准备工作后，游小芊开始思考如何为自家小店打出名气来。几天的苦思冥想后，游小芊终于想到一条妙计。于是，在当地的诸多热门论坛上出现了一篇名为《足下的秘密风景》的帖子，帖子开头一句便是：“你是否还在为没有创意的搭配而苦恼，你是否还在为死板的衣着而郁闷，你是否注意到自己的足下隐藏的秘密风景……”这样一篇帖子一下子吸引了大量白领的眼球，阅读完整篇文章后大多数白领对帖子中提到的“足意”小店心生好奇。

在好奇心的驱使下，不断有人来到了游小芊的“足意”小店。随着往来的客人越来越多，小店的知名度也越来越大。十来块一只的袜子，短短一天能卖出 60 来只，扣除成本外，游小芊日收益接近 300 元，而购买这些个性袜子的白领们也为这个美丽的城市再填上一道亮丽的风景线。

某一天，正在为袜子配对的游小芊听到一个女生说：“如果这只蓝色的袜子能和那只绣着阿狸的袜子是一对就好了。”游小芊突然发现这是一个吸引消费者的亮点，因此游小芊打出广告，每一位诚心来“足意”小店购买袜子的客人都拥有绝对的搭配权。改变销售模式后，游小芊干脆当起了“甩手掌柜”，她不再为袜子配对，而是在开门做生意之前将原本成双的袜子单只摆放，让消费者自行搭配。

“足意”小店的生意一日比一日火爆，消费者的人数和要求也越来越多，为满足不同客户的要求，游小芊在袜子上又动起了心思。2008年11月，游小芊通过关系找到了一家袜子生产商，她希望能和生产商直接开展合作，订制一批具有品牌特色的袜子。通过洽谈，生产商答应为“足意”加工独具创意的产品。每一个好产品都应该有一个好名字，为此，游小芊为每只袜子编起了名字，有“SHOW6号”、“前卫15号”等。游小芊的“点子”层出不穷，这也使得“足意”小店的规模越来越大，曾经的小店现在已然是拥有七家分店的大店了，而游小芊也用自己的双手为自己一年淘到了五十多万元。游小芊不是一个偏安一隅的人，面对如今的局面，游小芊说，在她心中对“足意”的将来有更大的期盼，她希望有一天“足意”能在全国开上一百家分店。

4. 李兴浩：从卖冰棍到卖空调大王

1964年出生在广州南海的李兴浩，25岁的时候就有了一家空调维修店。当时店面很小，后来这个小店在他的努力下扩展成为维修中心。2002年，李兴浩的“志高空调”与韩国现代集团合作，他作为控股董事局主席可以说是功不可没。2009年他的企业在香港上市，他的身家也水涨船高地达到了7亿元。

李兴浩开空调维修店的资本可以说是他卖冰棍攒起来的。刚开始的时候他还是面朝黄土背朝天的农民。1982年转行卖冰棍，他觉得每根冰棍赚四五分，是个很有“钱途”的职业。现在他做的还是利润低微的空调制造，但是他的财富却足以让他登上中国各种富豪财富排行榜。他身上有很多粤商的优点，例如“有钱就滚大”。除此之外他还具有独特的商业敏感度，他总是能够先别人一步发现商机。让我们来看个例子吧：有一天李兴浩走在大街上看到工厂里需要擦机器的碎布，之后他就大规模地收购碎布，并对它们进行加工，然后再卖给工厂，第一次他就赚了 75 元。

当然，这只是李兴浩市场嗅觉优势展现的冰山一角。他身上还有许多别的商人没有的特点。他说："当我发现一个更赚钱的事情，我就会毫不犹豫地转过去。"就是这种想到就要做到的性格把他从一个酒楼老板变成了一个空调业巨头。说起他的酒楼，可是给他的事业带来了不少灵感。酒楼里面的空调经常坏，每次都找人修理花费就比较多。他雇来的师傅只负责修理他自己店里的空调，而工资却是按月发的，这样一算李兴浩就觉得自己的生意做得很不划算。为了减少麻烦与开支，他就专门雇了一个技师来修理店里坏的空调。付给师傅工资的时候李兴浩发现维修空调很赚钱，甚至比他赚得还多。所以他就立刻放弃了酒楼，转行做了制冷维修。说干就干的李兴浩在 1989 年开了一个兴隆制冷维修中心，还让人到处宣传兴隆制冷维修中心的技术与名号。在他和大家的努力下，他的制冷维修中心在广州大有名气，在全国范围内也是数一数二的。后来他为了寻找长期发展，就进入了空调制造这一行业。李兴浩说："顺着自己的生意链，我与一个台湾老板各出 600 万元合资建厂，最终进入了空调制造这一领域。"

按着自己的意思走，顺着自己的生意找商机。他在开了制冷设备维修中心后开始拓展业务，两年后开了维修中心。那时候他的维修中心在当地可以算得上是制冷维修的龙头老大了，但是李兴浩并不满足于现状，他决定更上一层楼。时至1992年，他拥有了全国最大的空调维修店，店内有280名员工，他们掌握了各种类型空调的维修，甚至对核心技术的空调压缩机的制冷部件也了如指掌。这时候的李兴浩拥有百万财富，也算得上是成功人士了。

但是自20世纪七八十年代改革开放初期，像李兴浩这样的人很多。想要在激烈的竞争环境中生存下来就必须有过人之处，李兴浩的过人之处就是不断学习。他先是在党校学习了三年的法律，后来还学习了工商管理并拿到MBA学位。这些都为他后来的成就奠定了知识基础。1993年他又引进台资在家乡建厂，并拥有一半多股权，而他建的这个厂就是志高空调的原型。本来一路坦途的李兴浩刚建厂就面临空调业降价整顿，以科龙为首的空调企业都开始了自己的降价措施，而且是一个比一个降得多。他说："那一年，科龙1P分体式空调降价1000元，所以，我要求自己的空调也向下调价，卖2980元，可一台空调的原材料价格就已经达到了3600元。"初入市场的志高空调根本就没有实力跟其他品牌竞争。因为志高是新品牌，没有名气也没有宣传，所以李兴浩惨淡经营下的空调厂差点毁于一旦。

旧伤未愈再添新伤。1995年底，志高空调的营业额勉强可以维持日常生产，差不多可以算成是收支相抵。当企业在第一次危机中走出并且要加紧步伐发展的时候，台商因为对企业的发展前景没有信心，在没有跟李兴浩商量的情况下骤然撤资，并且还挖走了企业里的很多中层技术管理工人。更严重的是，他们走之前还对外宣称企业已破产。随后企业被佛山市的人民法院查封。缺少资金来源就不能给工人发工资，这时候的李兴浩孤立无援，诚信也面临考验。企业的窘境似乎在告诉李兴浩，它离破产又近了一步。但是最后李兴浩却没有被现实打败，他决定置之死地而后生。

凭借着平时老实诚信做生意积攒下来的人品，李兴浩很快就寻到了帮手。他找了一些供应商，为了表示自己对供应商的重视，他还特意在广东的温泉胜地清远召开供应商会议。李兴浩在会议上发言说："我今天连开会的钱都没有，但是我的目标是造出世界上最好的空调。"李兴浩的话真诚朴实，打动了在场所有的人。他想要向供应商表达这样的观点：志高是温泉，需要用心开采，只要开采得好就能带来源源不断的财富。他的话打动了供应商的心。会议结束后，他成功筹资 800 万元，虽然打的是借条，但是供应商都接受了。这张借条被开发商当作货币在企业中流通，流传到三个供应商手里后又回到李兴浩手中，这也算是"物归原主"了吧。而李兴浩的这个借钱案例也被融资业称为传奇。

有了援手，李兴浩便开始为志高空调的未来谋划，想要将志高品牌推向全球。2009 年 7 月 13 号，志高空调在李兴浩的努力下成功地在香港联交所上市。志高以每股 2.27 港币的价格首发了 7250 万股的股份，李兴浩已经直接晋级成为亿万富翁。

从李兴浩的成功经历中我们可以看出，他事业有成是得益于他做人的原则。在现实生活中，他善于为人处世并且总是能够从乐观积极的方面思考和解决问题。他的经历给正在努力奋斗的人树立了榜样，也给事业失败的人一些借鉴和鼓励。用现代的眼光来看，李兴浩从一个普通的卖冰棍的农民到一个身价上亿的集团老总，从母亲身上继承下来的吃苦耐劳、持之以恒等精神作为推动力给了他很多帮助。由此可见，传统文化对于当前创业的人们有指导作用。

5. 李春花：下岗女工变身成“稀饭大王”

飞机与稀饭本来是八竿子打不着的两样东西，但是在四川双流县这两样东西就被放在一起。原来“李姐稀饭店”每逢用餐时间就有上千顾客一起喝稀饭，人们开玩笑说飞机上的人都能听到地下喝稀饭的声音，由此可见那声音有多么壮观。

李姐名为李春花，以前跟丈夫都是国企职工，但是 1992 年工厂改制后，他们就步入了下岗大军。为了生计，李姐跟丈夫决定卖香烟。一分耕耘一分收获，这对夫妇忙碌了 5 年，终于换来了 20 多万元的存款，这在当时可是一笔不小的数目。李姐正打算拿着钱去买房子的时候，厄运悄悄降临了。

1998 年 12 月的一天，一个朋友来找李姐推销香烟。那人用“进价低”、“利润高”的理由成功地让李姐上了钩。那人走后，李姐跟丈夫商量后决定用自己所有的存款和从亲戚那儿借的 20

多万元进了 100 件香烟。这时候李姐开始畅想赚钱之后的幸福生活了。

但是事实正好相反，几天后买烟的人都找他们退货，因为他们买的香烟是假货。最严重的是当地的工商局也知道了这件事。可想而知，李姐的烟被查收，李姐和她的丈夫也差点受到处罚。李姐不仅损失了自己的存款，另外还负债 20 多万元。再去找当初那个所谓的朋友，哪里还有他的影子！

生活一下从天堂跌入地狱，李姐整天以泪洗面。债主们更是每天追在屁股后面要钱。每天应对这些债主让夫妻俩精疲力竭。后来他们决定重新开始，但是没有本钱的他们又陷入困境。

最后李姐决定从卖稀饭开始。因为卖稀饭投入少，虽然利润低但是不容易赔本。跟丈夫商量后，决定开粥店，李姐开始了她卖稀饭的事业。其实开始的时候李姐的丈夫是不同意的，但是李姐觉得虽然稀饭利薄但是可以提高数量，这样下来赚得也不少。最后丈夫终于同意了，但他觉得现在待的地方债主多，每天来讨债的人不断，做生意也不清净，所以他们准备去西藏。

1999 年 3 月李姐夫妇两人已经来到成都机场，但是却买不起飞机票。坐汽车又太慢，而且李姐身体不允许她坐汽车，就这样他们的行程耽搁了。停留在成都双流机场的李姐夫妇决定先在双流县卖稀饭。

创业初期比较难，他们费了很大力气才在双流县城棠中路租了一个 6 平方米的门面。准备工作完成后他们就所剩无几了，李姐的丈夫又回老家借了 6000 元，他们的稀饭生意才算开张。

稀饭谁都会做，所以刚开始的时候他们的生意不是很好，甚至还亏本。这种状况让李姐急得吃不下睡不着。还是后来一个工商局的人给了她灵感。没有创新就没有活路，于是她决定创新改变。

一天晚上，李姐就跟丈夫商量如何改变现状的问题。经过商量，他们一致认为可以把稀饭变成正餐。原因有二：第一，人们的生活水平提高了，吃腻了大鱼大肉，所以对清淡的稀饭能够接受；第二，他们可以改变传统的“素稀饭”，在稀饭的基础上进行创新。于是各种系列的“荤稀饭”就这样产生了。商量好之后，李姐夫妇就行动起来了。丈夫负责熬稀饭，李姐负责创品牌。经过他们的努力，李姐的稀饭生意做得有模有样。

俗话说，男女搭配，干活不累。李姐夫妇同心，配合默契。他们在几个月里研究出了十几种新式稀饭，其中更包括他们的得意之作——野生蒌龙花粥。这个粥是个“三全”的绿色食品。“三全”即全绿色、全天然、全野生。不仅如此，这个粥还能清热解毒。这种花样翻新的稀饭为李姐带来了很多顾客。

要说这熬稀饭并不是件简单的事。李姐的丈夫要在头天夜里泡好米，每天早上三点就起来生火，用文火熬稀饭。这个稀饭很有讲究，米必须是仁寿农民家新产的大米，配料也是仁寿县的野生珍品。在质量上吃过亏的李姐夫妇对每一道工序都不敢有丝毫懈怠，特别是在原料挑选这一方面，更是严格把关。与此同时，李姐也没有闲着，她在电视里为自己的店打出广告，吸引了不少人来尝新鲜。

新品稀饭推出的时候，李姐店里有很多供顾客免费品尝的新粥。她家的稀饭得到顾客的赞誉，而且来试吃的顾客都为李姐的稀饭做了免费的流动广告。人们口耳相传，为小店带来不少生意。很多人都慕名来到李姐稀饭店品尝新品种。这个小店每天都能够招待好几百人，盈利也达到每天两三千元。

顾客多了固然很好，但是李姐夫妇只有两个人，每天要应付这么多往来不绝的客人，他们感到力不从心。他们吃不好睡不好，特别是李姐还因为劳累过度患上了肩周炎。为了自己的稀饭店能获得良性的发展，李姐决定换个大点的门面。2000 年，新旧世纪交替之际，李姐夫妇商议决定把稀饭店挪到双流县长治路二段，因为那里的发展空间比较大。他们租了农家的大院，还进行装修以提升稀饭店的品质，使顾客有宾至如归的感觉。这样，人们来到他们的稀饭店就会感觉在自己家一样。除此之外，他们还吸纳了当地的年轻劳动力，小伙子和小姑娘打扮成农家小伙和村姑，给客人带来不少亲切感。照着这样的发展状态，2001 年，李姐他们终于还清了以前的债务。不仅如此，他们还有了自己的积蓄。李姐因为稀饭闻名于双流县，她的人生开始了新阶段。

有了前面的成功，“免费消费”带来的超高人气和利润已经不能使李姐满足了。她觉得很多来喝稀饭的人都是被她们的特色稀饭吸引过来的。这样就难免有人打着他们名号做生意。为了保住自家的“稀饭大王”的名号，李姐决定到相关部门注册“李姐稀饭大王”的商标，这样一来她的生意就做得没有后顾之忧了。

“李姐稀饭大王”成了一个品牌。双流县长治路二段的农家大院也不能适应它扩大发展了，为了使自己事业壮大发展，李姐在 2001 年 10 月的时候决定“再次迁址”。她把自己的稀饭店搬到一个更大的地方，当然大本营还是在双流县长治路二段。不仅如此，李姐还增加了人手，雇了 50 多个帮工，给她扩大事业提供了不少帮助。俗话说“酒香不怕巷子深”，李姐的稀饭很有名，所以“搬家”并没有使她店里的顾客减少，反而增加。生意忙的时候 50 个帮工也忙不过来，有的客人就像在自己家一样自己动手盛稀饭。一群人围着装稀饭的大锅盛稀饭的热闹场面是任何餐饮店都无法与之比拟的。

“李姐稀饭大王”的名号越来越响，李姐又在原来的基础上推出了各色小吃。因为她们店里价钱合理，食物美味，所以新旧顾客都对他们的店赞不绝口。“李姐稀饭大王”生意好的时候每天可以有上万元的营业额。稀饭做到这种境界，也算得上是一种奇迹。

6. 陈静林：闯出一条“老人是个宝”家政服务路

陈静林，生于湖南湘潭市，父母均是教师。1999年，陈静林读完中专后在重庆沙坪坝区的一家仪表厂找到了工作——检验员。过了不久，父母退休后也搬到重庆和她一起生活。

陈静林所在的工作科室都是女同事，且很多都已结婚并生了孩子。休息时，谈论最频繁的话题就是家庭琐事。比如今天谁家父母身体不适了、谁家孩子又不听话了，等等。特别在谈到各自家庭的保姆时，这些同事们更是说个不停，不是在愁如今保姆难找，就是对于父母没法帮自己带孩子觉得遗憾。听的时间久了，陈静林就半开玩笑地对她们说出自己总结出来的“完美”保姆：文化、爱心、耐心三者缺一不可，生活习惯良好，会做一手好菜，熟悉城市生活。那些同事听后，非常赞同。“是啊，有这样的保姆是最好不过的了！”陈静林听了便觉得好笑，这是找保姆吗？怎么跟男人找老婆差不多啊！

2002年4月的一天晚上，住在隔壁的同事李姐急急忙忙地来把陈静林叫了出去。原来，李姐的小保姆一句话不说就走了。由于时间太突然，还没给孩子找到合适的保姆，第二天她3岁的女儿红红就没人照看了，她和丈夫都没时间，可总不能独自把孩子留在家呀！李姐嗫嚅了半天后说：“可不可以请你的父母帮忙照看一下女儿？”陈静林听后觉得很为难。心想，我又不是养不起父母，而且让年纪已大的父母给别人做保姆多不好啊，说出去还会让别人笑话呢！

陈静林被李姐求得没法子，只好回家找父母商量，想不到父母听后都觉得没问题。母亲说：“人老了，就是喜欢和孩子待在一块，与天天窝在家看电视、打牌比起来，带孩子有趣多了。”父亲也说：“女儿啊，你每天都忙于工作，我和你妈两人在家都很寂寞，有点事情干，还充实些！”陈静林见父母很乐意去照看红红，就答应了李姐的请求，但有一点就是要求李姐不能把她父母当成保姆看待。李姐忙说；“绝对不会，我们家红红都没被她爷爷奶奶带过，这回就算是给她‘租’个爷爷奶奶吧！”

老两口在第二天早晨就去了隔壁李家，3岁的红红嘴巴很甜，“爷爷”、“奶奶”叫个不停，让两位老人开心得像喝了蜜一样。李姐看到这情景，就放心地上班去了。

下班后，李姐和陈静林回家看见红红和爷爷奶奶正玩得很开心，红红一见妈妈就用刚学的英语说：“How are you, mom?”（妈妈，你好吗?）原来爷爷教红红英语了。红红还告诉妈妈，奶奶中午给她做的“蚂蚁上树”可好吃了。李姐看见女儿被两位老人如此精心照顾，连声道谢。

由于照顾红红时间长了，两家的感情是越来越亲密。到后来，李姐一家便央求陈静林的父母能够正式接下照看红红的工作，并支付一定的工资。陈静林看到红红给父母带来了很多乐趣，而且父母也喜欢照看红红，便一口答应了李姐的请求。

于是，陈静林的父母正式被“租”到李家做起了爷爷奶奶，李家每月支付工资500元。

自从父母带了红红以后，陈静林很明显地觉察父母年轻了许多。以前衣着朴素的母亲开始穿起颜色鲜艳的衣服，说是孩子喜欢。而父亲呢，就更加不用说了，几乎时时刻刻都能听到他哼着儿歌。

此时，李姐的变化就更明显了。红红在爷爷奶奶照顾的一个月里，学到的东西比以前翻了几番；李姐在工作上比以前更安心了，连她科室的主任都很惊讶地对李姐说：“好像最近你都没有请过假，是吧?”李姐不好意思地回道：“主任，以前是因为孩子小要经常请假，现在我给孩子‘租’了爷爷奶奶，就可以放心地工作了。”

啥？“租”了爷爷奶奶？这事儿新奇！主任一走，办公室里的其他女同事立刻围上来打听并议论纷纷：有的说新奇，有的说“租”爷爷奶奶益处多多，有的还向李姐打听在哪里能为孩子“租”到爷爷奶奶……

自从知道李姐是从陈静林家“租”的爷爷奶奶，同事们就天天缠着她，叫她也帮她们“租”爷爷奶奶。

陈静林被缠得没有办法，只好去找在重庆本地的一个要好的中专同学韩静。韩静的父母都是退休工人，陈静林就试着问他们。果然，他们都很乐意出去工作，而且老两口一起出去工作，还可以相互照顾，是非常乐意的。

陈静林找好爷爷奶奶后，同事们都抢着要韩静的父母到自家去，最后，韩静的父母被科室的一个同事以 800 元的高薪“租”了回家。接下来不到一个月的时间，她又替单位的同事找了两对老人。

经过此事后，陈静林想了许多：老人和家政之间是不是存在契合点呢？

想了很长时间，她终于懂了：城市里的退休老人对城市生活非常熟悉，且他们丰富的知识结构对于孩子的教育也很合适。这是传统意义上的保姆比不上的，这也是他们非常受欢迎的主因。而且，这对于两个老人来说也是比较轻松的事情，对雇主来说也更加放心。陈静林心想，如果真的干这一行，或许会有不错的收获……为了稳妥起见，陈静林就去重庆市中心地带的多个居委会作调查，主要了解的是老人们的一些活动情况和愿望。据调查显示：现在的老人在平日里主要是看电视、打牌和养宠物。另外，有一部分退休工资不高的老人是非常乐意外出打工挣钱的。

接着，陈静林又请了几位大学生去一些高档住宅区和办公楼进行随机访问，结果是一样的。白领阶层都对这项服务持赞同态度，他们觉得把孩子交给一对老人来照顾，不管是对孩子的人格还是与人相处的能力培养都十分有利。

调查的结果让陈静林的信心大增，于是，她毅然辞职，决定开一家专门“出租爷爷奶奶”的公司。

在不满 2 个月的筹备后，陈静林于 2002 年 6 月创办的“二伴一”家政服务公司开业了。“二伴一”意思就是两个老人伴一个孩子或一个家庭。公司所雇的员工全部是 50 岁以上、有知识的、在本区生活的爷爷奶奶。雇主一定要同时雇请一对老年夫妇。为了让公司能正常运作，她还聘请了两名中专生做助理。

公司还没有开业，其运作模式就引起了当地媒体的关注。经过重庆市的一些报纸的相关报道后，市民开始关注此事。开业时，陈静林的“二伴一”公司红红火火，名声很快就在重庆传开了。

开业时，公司门庭若市，咨询电话一直都没断过，30 多对爷爷奶奶当天就被抢光了。陈静林每成功地签约一份，她就拿 200 元中介费，第一天她就赚了 6000 元。

此后，“二伴一”家政公司的生意一天比一天火。

但是，在运作过程中，也遇到一些不厚道的家庭。为此，陈静林想了一个法子对付：每个前来求“租”爷爷奶奶的家庭都要提供详细的资料，其中包括：家里是否雇用过保姆？雇用过几个？因为什么原因解雇，等等。公司的工作人员还会去调查、核实客户所提供的资料。假如是较苛刻、待人缺乏爱心的家庭，公司就不会把爷爷奶奶“出租”给这个家庭。

有来源丰富的优质“爷爷奶奶”资源，加上很大的市场需求，再有陈静林良好的管理模式，“二伴一”家政服务公司越办越好，慢慢地闯出了一条老年人保姆家政服务的路。

7. 潘树东：“偷师”出来的美发能人

潘树东是百丝特美发连锁机构的经理，把社区店经营成精品店的经营理念就是他想出来的。

17 岁从家乡独自来到大连闯荡，18 岁“玩”起美发，28 岁自主创业。潘树东，一个农村娃从此在美发业有了立足之地。

潘树东一直坚信“想生存，技术第一，客人口碑最重要”这一信念。因此，他曾多次去一些美发名店“偷艺”，几度到南方学习。他还自学管理学及给员工作培训，每年都邀请一些专家来店里讲解当年流行趋势预测。他用自己的真诚和努力，以其独特的经营理念和专业的“日式发型”打开了成功之门。

潘树东在美发圈里打拼了这么多年，过去为了提高技术，做过很多努力，如自己一边开美发店、一边利用空闲时间到其他名店里打工学艺。目前，潘树东的店里总是熙熙攘攘，新老顾客不断。客人间的口口相传让潘树东的店很火，曾经创下过一个客人带来四五十客人的记录。潘树东坚信，想要做好美发，一定要把技术永远摆在第一位，而客人的口碑就是最好的招牌，宛如“金饭碗”。

1992年，刚初中毕业的潘树东就独自一人来到大连，起初他是在大连书法协会里拜师学习书法和美术。在学习之余，他还做一些小买卖以供日常生活开销。因为房间太小，没有多余的空间晾刚写完毛笔字的纸，潘树东只能把它们都夹在窗外晒衣服的绳子上。有一天，潘树东又把写有毛笔字的纸拿出来晾，一个在电视台工作的记者经过这路段时，看见了晾在窗外的纸，便想认识一下这位写字的人。就这样，两个人成了好朋友。在这位朋友的帮助下，潘树东租了一家小店面，卖起了五香豆腐皮。当时的大连市仅有两家是做这个生意的，因此潘树东的生意非常好。但天有不测风云，一年后，潘树东的身体出现了问题，只好关了店面。

没事做就没有经济来源，怎么生活啊？于是，一个做美发的亲戚就建议他去学美发。潘树东听后就去街上买了一份报纸，找到了关于学美发的广告，按照上面的招生电话拨了过去。碰巧的是，接电话的正是潘树东前不久认识的一个朋友。由于朋友帮忙，潘树东就免费地学起了美发。

后来，潘树东回忆说，“当时去学美发纯属是为了好玩，那时，很多学员学了几个月都不敢给别人剪头发。我呢，刚去学了几天就敢拿起剪刀给男模型剪头发了。”潘树东当时最大的收获就是每天都能带着轻松的心情去学习美发。

学习结束后，潘树东就像其他人一样找了一间理发店做学徒。在做学徒时，潘树东非常用心地学习。1995 年时，社会上流行起女士盘发，潘树东发觉后就不想再闷闷地待在店里面了。他不是“请”一位女性朋友去名店里做头发，自己在旁边偷偷地学，就是空闲的时候就跑到当时大连最繁华热闹的天津街去观察来来往往的时髦女士的发型，以此让自己得到更多的灵感。

有一次，潘树东偶然在公交车上看到一位盘着新颖发型的女士，盘得很自然很漂亮。于是，潘树东就一直盯着那位女士的发型。车到站后，那位女士下车了，他也跟着下车，目的就是想要弄清楚人家那头发是怎么样弄得这么好看的。直到那位女士又上了另外一辆公交车，潘树东这才突然意识到自己已经跟着人家好长一段路了。虽然到最后潘树东也没有弄明白那款发型是如何盘的，但他却从中得到了一个启发：原来盘发不一定是要喷发胶的。在接下来的一段时间里，潘树东不停地想，为什么别人就可以把头发盘得这么漂亮，而自己却不行呢？于是，潘树东毅然决定南下广州进修，这样就可以在即将到来的 1996 年的春节期间多挣点钱了。

潘树东从广州带回来了许多盘发的技巧。因受到了“理论联系实际”理念的启发，他就把自己的美术功底和所学的美发技术融合到实际的操作中，再根据顾客的脸型、脖子的长度、肩宽、身材等因素，给每一位顾客盘出一款最适合的发型。那年春节，潘树东工作的那家美发店生意火爆了。

潘树东盘头发不仅盘出了名气，还盘出了资本。在 1997 年到 1999 年仅两年的时间里，潘树东就挣够了买第一套房子的钱，把第一个心愿实现了——把父母从庄河接到大连。谈起当时的感受，潘树东说，就是觉得一个农村娃能在大连买套房，挺“了不起”的。

2003 年，潘树东做了一件更“了不起”的事，那就是自己开了一家美发店。很快，潘树东的新鲜感和兴奋消失了。他发现，不管做什么事都是等到自己做的时候才会发现事情比想象中的要困难得多。当一个老板，首先要考虑的是如何能让店里挣钱，如何打出美发店的知名度。“一个美发店能出名靠什么？靠技术。”潘树东意识到这一点，马上就到中国最好的美发学校学习。潘树东说：“在大连，我的手艺应该是不错的了。可到了上海，才知道自己到底有几斤几两，于是，一切从头学起。”

在学校里学了十来天后，潘树东就出去找活干。结果，他走进了上海最大的一家美发店，由于紧张，刚动剪刀就把手弄伤了。他发现光学理论是不行的，要实践才有用。于是潘树东在上海待的三个月里就边学边实践。回大连后，他感觉自己不论是在技术还是在理念上都像换了一个人似的。这几年，潘树东从不间断地给自己“充电”，在自己店生意好的时候，慕名去了一家日本人开的美发店边打工边学艺，还学习人家先进的一些管理和服务模式。

后来，潘树东对美发店进行了三次装修，把店铺提高到中高档的层次。“一个杯子，装满了水，不管你再怎样往里面倒水，里面装的始终是水。”潘树东说，对于如何提高客户群体的档次，他是这样想的：如果你把杯里的水倒掉，换上咖啡，那么品质就大不一样了。潘树东说：“虽然我的店不是在繁华地带，但社区店一样能开出精品店。”

现在，潘树东店里的客人越来越多。潘树东说得最多的一句话就是：你怎样对待客人，客人就怎样对待你。他认为自己的经营法宝就是真诚待人。

在潘树东看来，目前做美发的有两种人，一种是为了赚钱的，一种是热衷技术的，能推进美发业健康发展的是后一种人。潘树东属于后一种人，他打算开一个品质高、价位低的店，他希望的是有更多的人认可自己的技术和大连的美发市场发展得越来越好。

8. 匡子：一份执着成就“淑女屋”时装品牌

她，有着吉卜赛卷发的另一种诠释；她，是典型的淑女风——那些有着花边修饰的上衣和层出不穷的裙子，那些被点缀上蕾丝的袜子，她跟我们所见的淑女屋的海报上的模特有着一样的感觉，只是面孔稍显成熟。虽然她已经40岁了，但是这一身穿在她身上却恰到好处，她就是匡子。她说话的时候眼睛也是闪闪发光的，给人一种很梦幻、很神秘的感觉。她喜欢沉浸在她自己想象的世界里，优雅却不缺乏感性，但我们说起她的故乡时，她就不由自主地热泪盈眶。

匡子说她的衣服是为那些年龄为三十岁左右的“成熟少女”量身定做的，不过对于“成熟少女”这个词每个人的理解都不相同。“在我看来，三十岁左右的女人，有着岁月带来的成熟和知性，但却对生活依然充满热情，并为自己的梦想不断奋斗和拼搏。”匡子如是说。

故乡的梅园是她“天鹅湖”创作的精髓；街边的欧式建筑激发了她“念故乡”的灵感；父亲点唱机里那首“秋蝉”的旋律一直在她的心头挥之不去……十多年来，那些童年的点点滴滴都在她“淑女屋”的创作中被演绎得淋漓尽致，匡子一直都在坚持着，找寻那些已经远去的童年梦。

20 世纪 80 年代末，匡子从武汉来到深圳游玩。匡子本来学的专业是幼儿师范，跟服装设计完全无关。这一趟旅程却改变了她整个人生轨迹。匡子在深圳游玩的短短时期，她体会到在深圳的现代化生活中，除了有服装上的潮流，更有人们对“梦想”的不停息的追求。这里的小孩比家乡武汉的小孩更无忧无虑，加上深圳比邻香港，在这里，一切潮流的信号似乎都走在前列，一下子给匡子很大的思想和视觉冲击。

回到武汉之后，匡子想辞职。父母听到匡子说想要离开原本安稳的工作和生活南下深圳，都极力反对。因为在 20 世纪 80 年代，能够安稳地当一名幼教老师，无论是从生活水平还是以后的前途上讲，都是一种稳妥的保障。

但是匡子并不这么认为，她认为墨守成规的一生不适合她，而更重要的是，她有一个梦想，这个梦想就是成全所有小孩子和女孩子的梦，当一回公主，当一回淑女。加上当时的深圳正值改革开放之初，到处都显示着有待发掘的商机，她坚信自己的人生能够在那里得到改写。于是匡子极力说服父母，只身一人南下了。

1991 年，匡子进入了一家服装公司担任平面设计。能够成为一名服装设计师，匡子当时觉得自己的梦想已经实现一半了，于是在公司内潜心工作，闲来就四处走动，发掘当时的潮流元素，努力在工作之余不断地提升自己，学习外国的服装设计理论。就是这样，匡子在公司内的工作游刃有余。

1992年，邓小平南行，一番“南方讲话”瞬间传遍了整个中国。一时之间，深圳成为炙手可热的淘金地，无数人满怀壮志地从全国的四面八方涌来，一个个美好的梦想都试图在深圳这个地方生根发芽，以有所作为。

匡子作为深圳的新移民，对这样的冲击感觉尤为猛烈。她连续几个晚上都没睡好，辗转反侧在床上，不断地思考一个关于“要不要创业”的问题。刚来深圳的时候，她已经将从事幼师赚来的积蓄全部花光。来到这里，好不容易成为一名时装设计师，但是做了才一个年头儿，手上的积蓄不多，能创业吗?

就在匡子犹豫不决的时候，她房间内的布料和衣服材质的边角料，像是一盏明灯让她豁然开朗。她想到了一个十分重要的问题。虽然自己手上的资金不多，从事“倒买倒卖”的进货式服装经营估计是不够成本，但是自己有一门技术，那就是设计服装，加上自己一直对于服装面料及制作材料的市场比较熟悉，自己进服装原材料，进行自创品牌的设计如何? 进行定制型的服装制造如何?

于是，在1993年，匡子又从服装公司辞职了，开始四处奔走创建自己的公司。那时候，她和男朋友都属于外来人口，在深圳设立公司比较困难，于是便委托具有深圳户口的妹夫设立公司并持有股权。

8. 匡子：一份执着成就“淑女屋”时装品牌

匡子的第一家“淑女屋”专卖店在深圳正式营业了，那一年她 26 岁。在创业之初，如何打响品牌，让大家知道“淑女屋”，认同“淑女屋”成了一个大问题。匡子为了服装定位苦苦思索，如果流于俗套，那么从运作成本上讲，这种高成本的自创自制的服装一定没法与市面上大批量生产的低成本服装比，这样公司运营就会亏本。但是如果单纯做高端定制服装，一个全新的品牌，如何抓住别人的眼球?

这个问题得不到解决，“淑女屋”便久久不能向前发展。就在匡子和丈夫不知道如何解决“万事起头难”这个关卡的时候，她和丈夫去看了一部戏。匡子一直是一个感性的女人，她钟爱音乐、小说和古典戏剧，每次看古典戏剧的时候，她都会沉浸在故事情节的悲欢离合之中。相比之下，她更偏爱于悲剧，因为悲剧中的那种遗憾美是永远都不可代替的。快乐虽好，但它总是稍纵即逝的，而悲剧中的遗憾却能长存于每个人的心中，久久无法忘怀。她总是把自己想象成为故事中的女主人公，优雅、娴静，于是这也成为她创立“淑女屋”的初衷。

看了戏，匡子想起了自己的初衷，也找到了这个品牌的出路。因为匡子看过的戏剧故事，赋予了匡子服装设计的灵感。她开始不断地回想自己喜欢的一个个人物，回想每一个曾经深深打动她的故事。于是她就会将自己置身于故事中，把自己想象成故事中的人物，然后想方设法地把自己所理解的故事人物的情感表达出来。她不断地想，自己在这个时候应该穿什么衣服，在那个时候应该怎样配搭衣服。于是，创作灵感便“万马奔腾”地涌了出来。

经过匡子十年的努力和拼搏，到了2003年，“淑女屋”一跃成为国内的知名品牌，在全国已拥有了百余家连锁店，被年轻女性所喜爱。那一年，匡子36岁。取得这样的成绩，匡子在成功背后背负着许许多多的艰难，但她并不抱怨，她认为只有在梦想变为现实的时候，那份喜悦才是最真实的。

到了2008年，“淑女屋”品牌的整体净利润是5816万元，全国共有581家店，单店净利润为10万元。到了2010年，“淑女屋”的净利润升至6077万元，全国一共开设有830家店，其中直营店671家，平均单店年盈利只有73217元，也就是说，“淑女屋”的单店盈利正在急速走下坡路。这是为什么呢？

匡子和丈夫一直苦思，直到2011年，“淑女屋”初次申请上市被证监会否决，匡子才找到“淑女屋”被否和走下坡路的原因：一是品牌设计的硬伤，因为匡子偏好蕾丝、绣花等元素，系列中不少会掺杂有这些浪漫元素，但是，随着社会的不断发展，人们对中性潮流及简约元素的偏爱，使“淑女屋”的设计定位受到很大冲击。二是管理上家族化模式。由于企业成立之初，匡子和丈夫便将兄弟姐妹拉进集团，导致过于家族化的管理使企业失去长足发展的动力。这些都是造成“淑女屋”面临瓶颈的重要原因。

但是，无论如何，也不能小觑匡子从一个小女孩，跃身成为创立和引领“淑女梦”潮流带头人的创业经历，这是值得人们学习的，而“淑女屋”在女装市场上打下的独特烙印，也是不可磨灭的。

9. 顾潇潇：从模特儿耕耘成“模特老板”

她，有着一米七五的迷人身材；她，眉宇间总是闪现着自信的光芒；她，有着女孩子不一般的青春与活力，她就是顾潇潇，一名浙师大的毕业生。见她的第一眼，人们就会惊艳于她的迷人外表，但是相处过后就会发现她最迷人的不是她的外表，而是她的聪明才智、她的内涵、气质和那坚定的创业精神。一名刚从校园走出来的毕业生，靠什么成为中国新丝路模特大赛的新宠而备受媒体关注？又是凭借怎样的信念和胆识一跃成为旗下有 200 多名模特的公司老板？

这个从小就喜欢舞台，喜欢表现自己的女孩在小时候每当父母不在家的时候，就会陶醉在自己想象的世界中：那里有她喜欢的舞台，有她认为很荣耀的 T 台秀，有她喜欢的闪光灯，有被众人追捧的成就感。为了实现梦想，为了以后能够为从事模特行业打下基础，她毅然决定在浙师大音乐专业学习，从而不断提高自身的素养。

2003年，她是全国艺术新星国际交流大赛模特组全国冠军；2004年更是她丰收的一年：浙江民营企业形象大使十佳，第五届CCTV服装设计模特大赛“全国十佳”，等等。面对着一个个成就，顾潇潇并不自满，她认为每个人的成就与她的奋斗是成正比的，要不断地学习和创新。

在2004年的“新丝路中国模特大赛”中，她深刻地体会到一个模特的职业精神永远都是最重要的。在海南三亚的第一天，她拍照就拍到了第二天凌晨4点，休息不到两个小时，她又要备战去海边拍外景。在这种过度工作的情形下，她仍然让自己保持最清醒的状态。功夫不负有心人，她以中国新丝路模特大赛全国最受媒体欢迎奖结束了她的海南之行。

在顾潇潇看来，模特并不能只注重表面，而要在平时的工作中历练自己，提升自身的才情与气质，只有这样才能内外兼修，脱颖而出。正是由于这样，在“新丝路中国模特大赛”结束后，她没有因为一时的成功而迷失自己，而是重新回到学校，继续她的学业。

2005年6月大学毕业后，顾潇潇又作出了一个出乎人意料的决定，她没有继续她的模特事业，也没有依靠父母找一份好的工作。在参加过那么多的模特大赛过后，她又有了新的奋斗目标。她参加的那些模特大赛延伸了她的视野，她想成为美的引导者，她想把每一个人的美丽都展现在这个舞台上。她通过市场调查得知在金华市场和浙江中部地区专业高中档模特还是很缺乏的，市场潜力巨大。于是她下定决心开一家专业高中档模特公司，要成为先例。

虽然想法是好的，但是创业的过程却极其艰辛。聘用专业模特、谈业务、写策划、做宣传，顾潇潇事事都要亲力亲为。在起步阶段，这些繁杂的事让顾潇潇有些力不从心，她只能边学边做。但是对她来说，最难接受的是从光芒四射的舞台退居到幕后，不过她坚信这一切都是值得的。在她对市场进行深入调查分析后，发现客户缺乏专业的审美视角，所以对模特的需求量很大，例如：广告模特、车展模特、时装模特、化妆品模特等，于是她对自己的选择更加义无反顾了。

顾潇潇说：“虽然许多客户觉得我才刚刚毕业，不够老练，但是最终他们还是被我诚恳的态度和守信的品质打动了。如果客户不了解我们，我们就应该主动出击，让他们接受我们，要让他们体会到我们的诚意。要想在这个时尚的社会上立足，就必须去了解这个社会的新兴文化，要不断地充实自己的理念，而不是单单依靠自身的经济实力。”

因为有家人的鼓励和支持，加上她自身丰富的经历，所以顾潇潇的模特公司起点就比别人高出不少，她想在两年后引领浙江中部地区的时尚潮流。她公司的 200 多名模特，大部分都来自上海和杭州。因为之前顾潇潇也有过当模特的经历，她明白其中的酸甜苦辣，所以在平时的工作中，她并不是以老板的身份约束她们，而是融入她们的生活，与她们无话不谈。在拍平面广告的时候，模特的付出是很大的。由于大多是反季节拍摄，在冬天她们要穿上单薄的夏装，而且还要表现出很激情、很凉爽、很有活力；但是在炎炎夏日，她们又要穿上毛衣、羽绒服，围上围巾，就算汗流浃背却还要坚持着。她说："旁人是无法体会光鲜亮丽的她们背后有着一种什么样的职业操守。"

在顾潇潇的努力下，公司取得了很好的成绩。在一家珠宝店开门的时候，著名化妆师毛戈平亲自莅临现场为模特化妆，这在同业间有很大的反响。

由于公司的发展很快，顾潇潇甚至都没有休息的时间，但她并没有因此停下自己的步伐。她说："我们遇到的事越多，就越能发现自身的缺点，时尚这东西发展得太快，我们只有不断地丰富自己才能取得长足的进步。"她还决定等公司步入正轨过后，要去北京、上海这些前卫的城市进修，要不断树立新目标，要不断地进步和超越自己，努力学习每一种新生的元素。

顾潇潇模特公司的模特都是以前的同事和演出中认识的，她与她们的关系也非常好，所以演出的时候都能随叫随到，有一部分专业模特是她在外出学习的时候认识的。

不过顾潇潇本人不是很提倡在校创业，因为创业需要很大的人力、物力和财力，她认为学生应该把这部分时间用到学习专业知识上，不断拓展知识面，多学课外知识，多参加课外活动，要通过实践定位以后的人生，只有准备充足，毕业后才能少走弯路，才能更快地接近成功。

顾潇潇说："我们现在不必过分纠结毕业后的压力，关键在于利用在校时间多积累，多拓宽自己的知识面，面对机会不要犹豫，相信结果一定是好的。"她的个性签名是：喜欢就要勇敢去尝试，去追求，时尚随处都在，时尚需要我们去创造。这也是她送给那些有着模特梦和创业梦的人的一句话。

10. 蔡汶峰：八面玲珑的“店小二”

“找工作难，找个好工作难更难，找个让人满意的工作是难上加难！”很多同学都会发出这样的感叹。他们总想在一毕业就找个称心如意的工作挣到巨额的钞票，可是很少有人这么幸运。很多刚毕业的大学生、研究生穿梭在各个人才交流市场，一次次求职碰壁，他们开始感叹“就业难”时，蔡汶峰却在他们的感叹声中踏上创业之路，赚取了大把的钞票。

蔡汶峰既不是“富二代”也不是“官二代”，他的成功完全靠自己的勤奋踏实。他是一个有计划有眼光的朴实小伙子。他着眼于自身的实际条件，不好高骛远，先从解决基本的生活出发，在有一定的经济实力之后再考虑自己的兴趣需求。

蔡汶峰毕业于韶关学院法律系，按理说他应进入一个与法律有关的单位工作。可是这个小伙子没有那么固执，在他毕业短短一年时间就白手起家赚到 10 万元。蔡汶峰的故事很值得现在的大学生们借鉴和参考。

大三开始，蔡汶峰便开始计划自己的未来，但决不是空想。他知道要根据实际情况，要顺应市场了解求职的方向。蔡汶峰这时没有盲目地制作精美的求职简历，也没有向任何单位投递求职申请书。他在别人熟视无睹的食堂门口就发现了商机：在食堂门口每天排队购买鲜奶的同学特别多，然而食堂提供的鲜奶品牌属于中档，价格偏高，在校外也没有一家能够提供鲜奶的小店。蔡汶峰看到鲜奶在校内同学中间的需求量很大，刚好校内没有更多的供应，他觉得可以先来试一下，既可以锻炼自己，又可以赚些零用钱。

第二学期，小蔡经过一番深思熟虑后，认为在校内卖鲜奶具有可操作性。他和同班几名同学一起行动起来，他先拿出自己一学期的生活费 4000 元和同学集的 5000 元加在一起，联系好了鲜奶的供货商。每天他负责早上 6 时准点开门接货，其他同学负责在各个学生宿舍楼下销售。他们合理利用时间，分工协作并取得成功。蔡汶峰有了这次小小的经历，给他赚钱增添了自信心。

在另一名同学的影响下，蔡汶峰又关注起当时的股市行情，他收集了许多关于股市方面的书籍，从理论上进行分析。几周后，他将生活费 6000 元加上向朋友借来 8000 元一共 14000 元投入了股市。那几年的股市一路飙升，从 3 月到 7 月短短的 5 个月，蔡汶峰手上有了 54000 元。除去向朋友借的 8000 元以及自己所投入的6000 元生活费，他还净赚 40000 元。带着这些钱，蔡汶峰开始了他的创业梦。

一个偶然的机会，蔡汶峰与同学一起回家。在他的家乡东莞市，蔡汶峰注意到东莞东城区城郊的结合地带人口密集，很多家庭都很富裕，特别重视孩子的教育学习，而且那片区域治安环境好，交通便利，这也是一个创业的优势所在。这时蔡汶峰便考虑开设一个补习社，为需要的学生办补习班。有了这种想法之后，蔡汶峰便在附近做了市场问卷调查，从思想上做好了充分准备。然后他在东莞东城区温塘租下了可以容纳60名学生的场地，月租700元。做好这些前期的准备以后，蔡汶峰开始装修，同时不忘四处宣传。两个月后，即2007年12月，第一期寒假补习班如愿以偿地开办成功，35名学生使蔡汶峰收获净利7000元。随着补习班信誉的提高，到了第二年的5月和8月期间，蔡汶峰又在距离第一期不远的地方周星和峡口增设了两个补习分社。

补习班的成功开办，应该是蔡汶峰毕业以来小小的成功吧，可他并不满足于现有的挣钱方式。他注意到周边有个小小的市场，市场里大部分是小规模的经营商户，平时都忙着各自的小生意，一日三餐没有规律。蔡汶峰决定在这附近开一家快餐型的肥肠粉店，以满足那些忙碌的小商贩的需要。于是在不放弃补习社的同时，蔡汶峰迅速地在2008年6月就将餐馆推出来，小小的肥肠粉店，可没他想象的那么简单，杂活很多。第一个月经营不那么理想，略有亏损。不过，蔡汶峰是个灵活人，及时发现了问题所在，迅速调整经营措施。同时，他善于节约成本，从餐馆菜系的计划、采购员到服务员、洗碗工，只要他有空儿就见活就干。他热情招呼来餐馆的每个客人，服务好每一个外送的订餐客户。这样忙活到第三个月，他开始盈利了，餐馆一天天稳定起来，也有一大批固定的回头客，为餐馆收入打下坚实的基础。蔡汶峰平均每天投入成本 400 元，营业额却能达到 1200 元，一个月下来就有上万元的收入。蔡汶峰就这样踏实地经营着他的补习班及餐馆，每天奔跑在补习班与餐馆两点之间，备课、上课、为家长和孩子们解答疑问、想着餐馆菜系及每位食客的口味，时间安排得满满当当的，没有一点空隙。一月下来，补习社和餐馆的收入也很可观，很多长辈及朋友们都投来羡慕的眼光，交口称赞这位刚毕业不久的大学生，然而他自己却并不自满。

有人说过，当兴趣和爱好成为自己的工作时，那是一件非常幸福的事。可这种境界是要有前提的，必须在基本生活需求得以满足才行。蔡汶峰的基本生活得到了解决，他要追求他内心所渴望的精神上的境界。于是他决定卖掉补习社及餐馆，刚开始他非常的不舍，毕竟每一步都是自己亲自走出来的，现在达到这个规模也不容易。可是他想起他大学时的那些崇高理想和愿望，他又不得不忍痛割爱。最终蔡汶峰为了实现自己最远大的理想，还是将餐馆和补习社转手卖掉。补习社以 3 万元、餐馆以接近 4 万元的价格转卖，加之股市的盈利 2 万元，小蔡这一年白手起家净赚 9 万元。拿着这笔钱，蔡汶峰的心中有欢喜也有感激，他依然充满自信，对未来充满希望。蔡汶峰对自己的人生规划很明确，先备战公务员考试，如果失败，他也不会气馁，他就继续向自己喜欢的领域进军。他是个爱学习的青年，相信努力终会有回报的。

蔡汶峰的成功给现在的大学生很多启示：第一，要从实际出发，先解决基本的生存问题，不给家里添负担。第二，大学生自主创业时也要做好充分准备，不能盲目行事。那样既浪费时间又浪费金钱，自己要主动深入市场多看多问，最好能自己去体验，才会得到第一手资料。这些资料才是最真实、最有用途的。蔡汶峰每一次行动都是自己亲身去体验。当初办补习班之前，想办法了解别的补习班的经营现状、招生模式、课堂形式，以及家长配合程度、办理补习社相关的程序等，都调查得一清二楚。第三，坚守诚信。诚信是每个经营者都必须具备的高尚品质，不管是对客户还是对合作伙伴都要做到坚守诚信。第四，勤奋节约。作为刚开始创业的人来说，这也是必备的，这样可以有效控制成本，增加利润。第五，为人要谦和。蔡汶峰在创业之初，对每位来补习的家长及孩子都是笑脸相迎，对待餐馆每位食客也是彬彬有礼的。

11. 胡永根：以捡破烂建筑起废品收购“帝国”

胡永根是成都市新津县远近闻名的亿万富翁，他拥有新津县花桥镇 40 余亩地产，价值 2 千万元。他创办的华声金属贸易有限公司在新津县城的黄金地段，公司面积不足 100 平方米的厂房，堆放着一些废旧的金属品。可别小看这些不起眼的东西，它们的价值高达 800 万元。胡永根每天经营这些废旧金属品买卖，一天的营业收入可以高达 20 万元，年营业额高达 10 个亿以上。他所拥有的地产以及公司所在位置也是众多开发商瞄准的投资地段，有很多开发商高价出手想买下来，可胡永根清楚这块地皮的真正的价值，不是可以用一笔固定资金就能买下的，它有着潜在商机及价值。他宁愿每天守着他的公司按部就班地经营着，也不高额卖出，他谢绝了那些高额买地的人。

在此之前的岁月，胡永根可谓家贫如洗，用他自己最经典的一句话来说：“最穷的时候，过年只能买二斤猪皮”。就在 1989 年，10 岁的女儿连一双鞋也买不起，那时他们全家一年的收入还不到 100 元。贫穷的现实并没有让胡永根屈服，他一直有着一颗挣扎拼搏的心。“生意梦”一直是他追寻的目标。

1958 年，时年 22 岁的胡永根毕业于成都空军技校。因为多方面的因素，他最终还是回到农村守着那些贫瘠的土地。“穷则思变”用在胡永根身上再恰当不过了，他终于忍不住了，不能让贫穷一直这样下去。他毅然从邻居借来500 元钱去成都，从收售废纸开始了他的创业之路。他每天骑着自行车走街串巷，大声吆喝着“收废纸、废品”。就是这样简单的吆喝声伴着他的“生意梦”，他也开始洞察出其中的商业秘诀，在这以后的 17 年时间里，他依靠着收卖废品，创造出上亿的财富。

回首这十多年来的废品创业之路，有辛酸，有泪水，有欢喜，也有忧伤。这在胡永根今天看来都不那么重要了，重要的是他这十多年来创业经验的积累。他过人的胆识以及超凡的眼光，是他的一笔宝贵的精神财富，回忆起来总让人津津乐道。他时常说，别小看收废纸、废品，也需要细心观察，也需要一定的经验和技巧。刚开始时，只有自行车为工具，他边骑边吆喝，既不能骑得太快，也不能骑得太慢，还要对各片区居民的生活情况有个大致的了解。周末时，好多人家里打扫卫生、清理废品，比平时的收购量稍大一些，这个时候中午他特别忙，有时在路边一个馒头一瓶水就解决了午餐。晚上要将白天收回的废品，分门别类地整理、保存，等积压到足够多时，他要自己装车运出去卖掉，以此来赚些差价。就在这些收售的循环过程之中，他慢慢地了解了其中的行情与诀窍。

当胡永根的废品收购已具有一定规模时，很多老客户等着他去收购，有些还特意地给他留着。他也积累了丰富的经验，开始专一收购金属品。1991 年，他在新津县五阳西路三号桥附近设立了定点收购站，以一年 5000 元的价格租下三间简易平房。就这样，公司的雏形华声商行成立了。比如一个物品，商行以4.5元的价格收进，再以 6 元的价格售出，从中赚取一定的差额。从此，胡永根结束了外出骑自行车吆喝的历史。但是专收废金属也不是那么轻松的，有些铜丝需要把外面的那层胶皮去掉。时间一长，他的手被磨出了老茧，衣服也满是污垢，但每天数着不断进账的钱，他都感到非常开心。

华声商行运行不久，一个突如其来的事情给了胡永根致命一击。1992 年，胡永根一不小心收到了一批销赃货，这是任何金属收售商行都无法避免的。作为金属回收这个特殊的行业，利润空间与风险同在。他收到的这批废旧电线已经被割成很多小截，肉眼根本看不出里面的割痕。这批电线被公安机关查获后处以没收，使他损失了好几千元。胡永根被这种类似的销赃货折腾好几次，让他心理倍受创伤，以致产生想放弃的念头，在妻子的鼓励下，他继续坚持下去。

功夫不负有心人，这些打击并没有击垮胡永根。到了 1993 年，胡永根又一次东山再起，生意上也有了很大的转机。当时国有企业开始转型经营，新津县国有重金属回收公司也放开了私人收购的条件，加之胡永根的能力得到了该公司的认可，决定让他挂靠公司来经营。胡永根喜出望外，当时的金属利润空间正一路飙升，胡永根发现自己的资产已达到数十万元了。天时地利人和都有了，胡永根在短短几年的时间里已攒了上百万元的资产，成了新津县小有名气的民营企业家。

1999 年，他的华声公司销售量上升至 5000 多万元。与此同时，市场竞争也开始激烈起来，仅在新津县具有一定规模的金属公司都有好几家，加上一些中小型的公司，市场开始出现混乱的局面，利润也开始下降。胡永根在市场出现不景气的情况下着手开始改变经营思路。他开始将市场瞄向省外，但他并不盲目冲动行事，他先考虑到风险，让他的女儿先去省外市场作一个考察，探测这个行业的最新情况，是否有利润空间。当他女儿到了沿海进行考察之后，便建立了与全国各地的废品行业的长期合作关系。在与省外公司合作时，胡永根是一个讲诚信的人。许多公司都乐意与他合作经营，1999 年当他与重庆一个公司合作的时候，为了讲信誉得到对方的认可，他安排女儿连夜开车专门送货款到重庆。这让对方都感到太意外，情不自禁地发出感慨，像他这样讲诚信的人太难能可贵了。

胡永根有了良好的人脉资源，公司又开始盈利了，但他还是坚持节俭，从不在外就餐，从不铺张浪费。在他生日时，女儿悄悄为他购买了一辆奔驰轿车作为生日礼物，可他却执意不坐，出门依然坐着他那辆三轮车。胡永根富了，他并没有忘记周围的老百姓。他还承担着一份社会责任：资助贫困的学子。据统计，他资助的学子已经有 1200 多人。他还拿出一块地皮来修建了 30 套房子，以低于商品房价的三分之一出售。在慈善事业方面，胡永根自成立华声公司以来，在社会公益事业方面共出资 600 万元。

胡永根对他所拥有的这一切并不满足，他的心里只有“拼搏”二字。他是个乐观开朗的人，尽管现在年纪已大，但他精神状态良好，仍然努力地经营着他的公司，继续为社会的慈善事业尽着自己的一分力量。尽管他已查出患有食道癌并做过手术，他却奇迹般地活下来，而且活得非常快乐。他有着一个坚强的信念支撑着他：只要心中有梦想，就要努力追求；不管年岁有多高，只要健在，就要“拼搏”。

12. 沈子凯：卖火柴的大男孩

沈子凯是杭州人。想当初，这个典型的 80 后大男孩敢闯敢拼，毕业后，做过动画，曾经开设动画设计工作室，又曾在广告业打拼，经营过几年广告公司，但是动画工作室和广告公司都在追梦的过程中打了水漂。然而，凭借着沈子凯三起三落却永不服输的精神，2007 年，他以 10 万元的资本，创立了“纯真年代”品牌，并仅仅用了一年时间，就先后在全国各地开设了 20 多家品牌专卖店，设立 150 多个经销店，创立了 200 个系列的产品，开创了一个独特的创意产品营销模式，成为著名的“卖火柴的大男孩”。这，到底是怎样做到的？他在杭州吉卜力艺术创造社任市场总监，是名副其实的“卖火柴的大男孩”。

沈子凯生于杭州，家里是一个普通农村家庭，父亲是一个在机械厂上班的普通工人，母亲在家乡开着小三轮车做点运输生意，家庭环境并不宽裕，而且家里还有个弟弟在浙江大学读建筑系。因此，沈子凯在念书的时候，就对创业有一种执着，希望能够努力拼搏，改变家庭的命运。由于沈子凯是学艺术设计的，加上颇具艺术创意的天分，因此他从大学开始，就一直梦想自己将来有一天也能创造出像“暴力熊”、“流氓兔”那样极富创意的产品。于是，大学毕业之后，沈子凯创办了自己的动画工作室和广告公司。为什么会选择动画工作室和广告公司呢？很简单，因为当时沈子凯没什么钱，动画设计和广告，相对实体经销和贸易型创业而言成本最低，主要是运用自己的脑力和精力。在动画工作室见不到起色的时候，沈子凯便转行广告界。

对于刚毕业的初生牛犊而言，可以说沈子凯将自己的创业第一步定位于创意型自主创业是十分正确的。但是，事与愿违，无论是动画设计还是广告经营，在市场营销方面都要有所讲究，沈子凯在这两次创业中，久久打不开市场，梦想就像大海中翻腾过的浪花，最终沉寂在无边的大海里。

沈子凯面对这打不开市场的创业，咬紧牙关坚持着，小打小闹地艰难前行。直到 2007 年的 6 月，一个朋友送了一盒漂亮的火柴给沈子凯。沈子凯一看，这盒火柴的黑色部分上面用了特殊的工艺印着非常漂亮的花纹，是一盒人们一看见就爱不释手的别致火柴，而且它的做工精细，完全打破了沈子凯对于传统火柴的印象。朋友看到沈子凯目不转睛地看着这盒艺术火柴，还以为沈子凯觉得火柴寒酸，于是赶紧解释道，因为送火柴有着送“财”的寓意，加上火柴盒有很好的收藏价值，是目前世界上第二大平面收藏品。现在很多地方都已经买不到火柴了，因为觉得火柴有它的特殊价值和含义，所以才会送给沈子凯的。

朋友的一席话，让沈子凯茅塞顿开，打破了沈子凯继续在广告行业打拼的想法，让他想起了自己曾经的梦想。于是，经过一番市场调查之后，沈子凯断然放弃了苦心经营的广告公司，展开对创意市场的调查和研究，分析了创意火柴的发展前景，创办了杭州吉卜力艺术创造社，专门从事个性火柴的研究制作。

在创造社开办后的第一件事情就是给自己的品牌取名。此时，沈子凯想到安徒生的《卖火柴的小女孩》，沈子凯联想起自己的童年，沈子凯认为那个年代，简单而纯粹，对于将来满怀憧憬，却又单纯执着，是一个很典型的纯真年代，于是品牌的名字“纯真年代”诞生了，沈子凯还马上夜以继日地赶工，设计出“卖火柴的小女孩”这个商标并进行了商标注册。

但是，起步初期，沈子凯手上的资金还不到 10 万元，完成了商标注册，还需要租办公室并进行装修，扣除这两项费用，沈子凯手里的钱已经没剩多少了。但是，火柴生产和广告、动画不同，这是需要实际投产的，眼见钱快要花光了，而产品却一个都没生产出来。

沈子凯开始反思自己了，他天天熬夜开发产品，总算将全部产品的设计存在电脑里了，但是怎么进行实际投产却成了最大的问题。

一方面是资金紧张，另一方面是当时国内火柴厂已经所剩无几，而且多是生产民用火柴或宾馆用火柴，根本没法做出沈子凯想要的那种品质的火柴。于是，沈子凯打算进原料自己做，但是，另一个难题又来了。在沈子凯将全部原材料购完，正式投产之后，他发现那个把盒子粘起来的现有的包装机械是可以自粘盒的，但是由于火柴盒实在太小，所有的机器都没法粘。该怎么办？沈子凯面对这样的情况，他采用了一个最笨的方法，就是自己动手粘，一个一个地粘。但是，这种方法不仅笨，还非常费事占地方，而且胶水全部都是涂在火柴盒外面和粘贴者的手上，使一个个盒子全部粘在一起了，根本没法用。

作为门外汉，沈子凯深深地感觉到，原来就连粘火柴盒这么简单的事儿，其实都大有学问。于是，沈子凯又思索起来，最终得到一个结论：要想做好艺术火柴的生产，首先就得先学会如何有效快速掌握粘火柴盒的技巧。于是沈子凯到处打听，四处走访，终于找到了一位老师傅。在老师傅的帮助和教导下，沈子凯终于学到了粘火柴盒的技术。这一下，让他的生产效率提高了10倍。

然而，生产问题解决了，沈子凯面对的便是营销和推广的难题了。由于“纯真年代”并不是第一个在中国卖艺术火柴的品牌，在沈子凯之前，已经有前辈和同辈在做这样的事情。如何打入市场，如何占领市场是沈子凯面对的第二个难题。

于是，沈子凯充分利用现代化网络进行营销，比如淘宝直营店、酷卖街、创意市集等。在沈子凯看来，网络是最省钱同时也是最有效的产品推广平台。“纯真年代”推广声势十足，迅速在市场上打出自己的一片天地，弥补了起步晚的缺憾。目前，“纯真年代”的客户超过90%都来自网络。

攻占了网络市场之后，与其他产品的营销模式相似，沈子凯销售“纯真年代”时，采取“专卖店+地区代理+普通经销商”

的营销模式，主要以加盟和批发为发展的大方向，他还为这种营销模式起了一个个性的名字——星火计划。作为艺术火柴市场上的“新进职员”，沈子凯第一批创意火柴的销售量还不到“火柴天堂”的十分之一。在价格战上处于劣势地位的沈子凯希望通过让利的方式换取“纯真年代”的市场占有率。

沈子凯认为，以卖梳子起家，到现在为止拥有近千家加盟商的“谭木匠”是值得创业人员借鉴的。于是沈子凯确定了公司多元化发展的方向，从创意生产、网络营销到整合经营，在不到五年的时间里，上海、西塘、北京、阳朔等地都能够看到“纯真年代”的品牌标志，“纯真年代艺术火柴”的加盟连锁店已经遍布大半个中国。越来越多的年轻人加盟“纯真年代”，沈子凯当初一个小小的念头为他带来了源源不断的订单和利润。很多走进“纯真年代”的顾客最终演变成专卖店的加盟商。

13. 唐伟峻、黄河清：不做白领，上山养野猪

唐伟峻、黄河清夫妻自主创业养野猪取得的巨大成功，令许多创业者艳慕不已。想当初，他们夫妻二人下定了创业的决心，“让野猪肉像家猪肉一样地摆在市民的餐桌上！”说干就干，找项目、筹资金、选地块，花费了将近半年的时间，等做完这一切之后，夫妻二人毅然辞去了城市里的高薪工作，来到了在梁平县承包的200亩荒地里养殖野猪。

唐伟峻本科就读于重庆大学计算机专业，毕业之后，他应聘进入中企动力，凭借过人的能力和优异的表现在中企动力干得风生水起。在工作期间，唐伟峻曾多次与企业的领导层近距离接触，看着自己所在的公司在市场上发展前景一片大好，在开心之余，唐伟峻不禁对公司的创建者心生羡慕。唐伟峻的爱人黄河清在日化行业从事销售工作，她是销售业难得一见的人才。毕业之

后，黄河清独身一人南下深圳，从最底层的业务员做起，凭借自己的努力，一步一步做到后来的销售主管。不仅如此，黄河清在杭州还做了两个代理品牌。

唐伟峻说："那时我们的生活很好，每年还能存上好几万，可是自己想当老板的欲望越来越重。作为一个打工者，我的发展空间已经不大了，但始终找不到合适的方向转行，就想到了个人创业。"在创业之前，唐伟峻夫妻拿着打工挣来的二十多万元，跑了大半个中国，只为了寻找一个合适的投资项目。在作选择之前，夫妻二人至少研究过五十个可行的创业项目，但最终都一一否决。最后，在做了大量市场调查分析的前提下，两人一致看好野猪养殖，觉得这个项目未来的发展前景十分宽广。找准了方向，唐伟峻夫妻便着手野猪养殖的准备工作。

社会人群未来的食品消费趋势是绿色与健康，唐伟峻夫妻深知这一点。随着这一消费趋势的明朗化，野猪养殖能够在一定程度上适应城市人群健康的消费理念。野猪养殖最开始在南方的一些地区获得暴利之后，很多地区的年轻人都看准了野猪养殖这一个项目，纷纷下足本钱，希望能够取得成功。

据唐伟峻客观分析，野猪养殖产业在未来虽然有一定的发展空间，但是该产业若要在市场上站稳脚跟，还需要很长一段时间的努力。第一，主要是因为野猪的消费市场具有极大的不稳定性，大部分居民购买野猪肉基本上是出于尝鲜心理，野猪肉在市场上的销售量根本不能与鸡肉和猪肉等相提并论。除此之外，由于野猪饲养成本的制约，野猪肉的市场价格与他肉类相比较要高些，这也是普通老百姓很少选择野猪肉的主要原因。第二，野猪饲养技术在我国还没有发展到一个相应的高度，野猪的疾病防控和饲料的选择都是按照家猪的标准实施的，这也是野猪生产规模小的另外一个原因。

野猪肉卖的是“新鲜”和“特别”，野猪养殖专业户在市场上借助各种途径大力宣扬野猪肉的好处，最终导致市场价值的下降，这本身就与野猪饲养户希望多获得收益的初衷相违背。

唐伟峻解释道：“选择是一个痛苦的过程，特别是对妻子来说，一个女孩子不应当跑到山上来养野猪！”当初唐伟峻和黄河清选择自主创业，准备养殖野猪时，家里人极力反对，亲朋好友都持有不信任的态度，甚至还有好多朋友觉得唐伟峻的想法太不靠谱，纯粹是浪费钱财。唐伟峻和黄河清面对来自各方的压力，丝毫没有气馁。唐伟峻说：“我们顶住了压力，还通过各种渠道又借了 30 万元把项目启动了。”

当初为了选择合适的饲养野猪的地块，唐伟峻花费了大量的时间研究野猪适宜生长的环境、温度以及生活习性。他还跑到西南大学，专门向农学与生物科学的专家郑钦玉教授请教野猪养殖的相关问题。最终，唐伟峻夫妻把野猪养殖的地点确定在自己的家乡梁平县，他们花了大价钱把当地的一片生态林租用下来，作为野猪养殖基地。生态林的好环境奠定了生态野猪养殖的基础。

山上的生活太苦了，唐伟峻夫妻二人当初放弃城市优渥的白领生活，着实是下了大决心的，唐伟峻坦言：“这里太寂寞了，相伴我们的只有圈里的野猪和树林里面的鸟儿，曾经逛商场、下馆子、泡 KTV 的生活成了一种奢望。”而黄河清拿着自己以前在城市里的照片，也有些感叹：“我以前的皮肤是很白的，现在我都晒得跟非洲人一样了。还有一抽屉的化妆品，上山后基本上不再使用！我们两个人挖一个30立方米的化粪池，那是有生以来第一次拿锄头，手上全起了水泡；还有养殖场屋顶隔热的茅草全是手工割的，足有20 000多斤吧！满手都是刀伤；还两次中暑……现在明白这些都应该请工人做的，只是我们没经验，以为这样节约了成本，其实是浪费了更多时间。”

在城市里，唐伟峻两口子是为老板打工，得失计较得不多。而现在，唐伟峻、黄河清夫妻二人自己做起了小老板，才真正明白“投资有风险”这句话。“给别人打工，只需做好本职工作；自己创业，风险就得自担。所以我们不会轻易把辛苦钱拿来瞎折腾！”唐伟峻如是说。为了使自己的投资能够得到回报，唐伟峻对国内野猪养殖的发展前景和市场现状进行了深入了解，还专门跑到了辽宁、福建以及河南等地，向当地的野猪养殖专业户学习养殖经验和管理技术。唐伟峻非常有经济头脑，他分析：“就算每千克20元，每头也有800多元的利润，而这个价格已经和家猪差不多了。”

唐伟峻夫妻想得十分长远，除了考虑野猪养殖的成本因素之外，他们还规划了野猪养殖项目的短期目标以及未来的发展方向。比如野猪养殖区域的扩建、市场的开拓、注册商标等问题，还考虑到了野猪养殖资金的周转时间和盈利周期。唐伟峻称，等养殖场的规模发展到一定阶段，他们还将引入新的养殖品种，主要包括野鸭、野鸡、梅花鹿等比较稀有的动物。同时，还可以对畜禽的粪便进行加工处理，利用其生成的有机肥料种植反季节大棚蔬菜。除此之外，在养殖场的区域内发展现代化的生态旅游项目也是一个好方向。唐伟峻夫妻把发展的重点放在集生态养殖、循环利用、安全加工的生态养殖农场，并力求在发展野猪养殖场基础上，进一步发展农庄文化区、生态酒楼、农业大观园、农家休闲房、绿色蔬菜采撷区等多位一体的旅游项目，把未来发展的方向落实到建设观光、娱乐、种植为一体的绿色观光园区建设。

14. 周燕：1 元一套消毒餐具的财富梦

周燕如今已经是一家消毒餐具配送中心的老板，手底下还管着 18 名员工。现在的周燕干练、沉着，充满自信，她不无骄傲地说：“我老公正在学习企业管理，我们要把公司业务从阳逻推向全市。”

连周燕自己都没有想到会有今天的成果。当年从黄冈技校毕业之后的她，与丈夫一起在新洲棉纺厂上班。谁知，一场突如其来的企业改革，打破了全家 21 年的安稳生活，夫妻两人待业在家，看着生活一日不如一日，丈夫无奈地背起了行囊南下广州。而周燕为了照顾正在上学的女儿，则在附近的餐馆干起了洗碗的工作。

周燕坦言：“安逸的生活突然改变，就感觉被社会遗弃。”自从 2001 年夫妻两人下岗之后，丈夫虽然去了广州，但是因为本身没有什么实用的技术，因而工资很低。即使加上自己给餐厅洗碗的工资，也不够家里的开销。眼见女儿就要考大学了，周燕心里难受极了。

女儿偶然的一句话激起了周燕创业的决心。2005年春节之后，周燕陪着考上武汉工程大学的女儿到学校报到。两个人一起在校门口的一家饭馆里吃午饭的时候，周燕看见服务生把一套看起来很干净的消毒餐具放在自己的面前。她便跟女儿说："这消毒碗看起来很卫生哟。"女儿回道："那是的，要收1元钱，武汉餐馆到处都是。不过，这可是创业好项目。"

"可以在阳逻开个这样的消毒餐具配送中心。"周燕对自己非常有信心。下岗的那几年，周燕在阳逻的大部分餐馆都洗过碗，对于当地的餐饮行业了解比较多，她知道很多餐馆老板都不愿承担洗碗的水电费和人工费。

把女儿送回学校的当天，回到家的周燕就开始对周围的餐馆进行探访，结果发现很多餐馆都没有使用专门的消毒餐具。这个结果让周燕看到了希望。接下来的几天，周燕去了几十家餐馆，详细地询问了这些餐馆消毒餐具的使用情况。

周燕通过几天的研究调查，得出一个结论：通常，设施比较齐全的大饭店和酒楼都会配备自己的餐具消毒中心；相比而言，大部分小型饭店的餐具都没有经过彻底的消毒处理，便投入下一次使用。周燕想，如果专门针对这类小型餐馆，消毒餐具的未来发展应该不错。

周燕心里快速地盘算起来：如果把所有的餐具集中起来进行彻底消毒，那么每一套的费用是2毛钱，而这两毛钱对于餐馆的老板来说，根本不算什么。在南方，有一家餐具消毒中心只开业第一天的业绩就高达 40000 套餐具。

为了说服餐馆的老板，周燕仔细地为他们计算了成本：如果饭店单独聘用洗碗工，每月至少是三百块的工资，这还不算洗碗所用的水电费。即使是这样，餐具的卫生状况也不一定能够让顾客满意。虽然每套消毒餐具需要 2 毛钱，增加了饭店经营的成本，但是利薄多销，来店里消费的顾客肯定会因此增加。这样时间一长，餐馆能够吸引一定比例的固定消费群体，那么，消毒餐具所花费的成本与餐馆的盈利比起来，根本就不算什么了。而餐馆所使用的餐具都是集中起来送到消毒中心清洁，大大降低了在店内打碎餐具的概率，减少了餐馆的投资成本。尤其是对刚开始经营的餐馆，使用专门的消毒餐具更加划算，不仅能够节省一大笔购买餐具和消毒柜的费用，还能为新店博取一个干净卫生的好名声。

周燕经过一番深思熟虑，觉得这个创业的点子非常可行。心情激动的她立刻与在广州打工的老公通了电话。在电话里，周燕详细地跟老公分析了自己的创业想法，老公也觉得这事儿靠谱儿。两人简单商量了一下，便决定投资做这个项目。不久，周燕的老公就赶回家，两人一起去了武汉，向有经验的前辈请教怎样经营餐具消毒厂。

周燕和丈夫的决心很大，但是两人转回头一想，没有钱，一切都是瞎想。但是现实不容周燕夫妻后退，他们着手向亲朋好友筹钱。棉纺社区的负责人听说周燕有创业的想法，非常支持，帮助他们向银行贷了款。

阳逻劳动保障所所长把周燕这些年的表现看在眼里，他说："周燕思维灵活，办事很积极，想得也周全。"周燕拿着银行的2万元贷款，召集了当时一起下岗的7个同事，对他们进行系统的培训。同年五月，周燕的佳弘消毒餐具配送中心正式营业。

等所有的一切都准备好了的时候，消毒餐具的销路问题打乱了周燕当初的计划。

在当时的阳逻，专门的消毒餐具几乎没有出现在任何一家小餐馆里，面对周燕的推销，很多餐馆的老板都采取了观望的态度。想起那个时候的困难，周燕笑着说："前一个星期没有接到一笔业务。"那时，周燕夫妻一人提着一袋消毒餐具，几乎跑遍了阳逻的每家餐馆。餐馆的老板虽然都觉得消毒餐具不错，但是若是要进一步合作的话，老板们都选择了沉默，大部分的理由是害怕顾客不习惯。

好几天过去了，消毒餐具的销路还没有解决，这对于周燕来说是个不小的打击。每天与丈夫回到家，两个人都是又累又倦。为了跑销路，周燕两人多次拒绝了朋友们出去玩的邀请。夫妻两人奔波忙碌了两个多月，偌大的阳逻只有几家餐馆愿意与周燕合作，其余的餐馆都不使用他们的消毒餐具。周燕仔细算了一遍账，一分钱没赚，反而赔了将近5000元。

放弃？继续？疲惫的周燕夫妻不知道该怎么办了。当天晚上，夫妻两人就在一起合计：餐馆不跟他们合作最主要的原因就是害怕顾客用不习惯，不管最终成不成，先让餐馆免费用，等顾客反映好了再决定合作的事宜。

于是，周燕夫妻决定拼一拼。他们综合考虑了周围餐馆的客流情况，选择了 10 家餐馆免费提供消毒餐具的试用。一个星期下来，顾客反应非常好。试用期结束之后，大部分的餐馆老板都同意与周燕合作。

一年下来，与周燕合作的餐馆已经从当初的几家发展为后来的 46 家，周燕手下的员工也增加到了 18 人。这一年里，周燕家不仅过上了好日子，还把以前的欠债全部还清了。

虽然周燕的消毒餐具配送中心已经发展起来了，但是为了以后的路走得更宽，夫妻两人经常听取餐馆老板们的建议，周燕说："这也算是了解市场，做好售后服务嘛！"

经过长时间的运作，周燕发现质量是保证消毒餐具销量的首要前提。明确了这一点，周燕在消毒餐具的每一道检查程序上都严格把关，设立了好几个质检岗位，最后，消毒餐具还要过了她那一关才能放行。为此，周燕说："我的企业虽然小，但要做出口碑。"

随着时间的推移，周燕夫妻又学习了系统的管理知识，除了自己买书看之外，他们还向一些做企业的朋友讨教经验。周燕对自己的消毒餐具前景非常看好："说不定我们还能走出阳逻，把产品销售到全市。"

15. 杨金华：老房子开茶馆，赢得百万资产

星期日的午后，天南地北的游客和客商们坐在成都宽巷子里的杨洋茶馆中，品着盖碗茶，唠着家常。这时，老板杨金华却像茶客一样挑了个靠墙的位置坐下了，专心致志地品着碗里的竹叶青。

对于这位有着自己的地盘——杨洋茶馆、年过 50 的杨金华来说，每天纯收入 7000 元，并且是这间茶馆产权的所有人，还拥有上百万元的资产，这是何等的悠闲自得和生活惬意。可是她现在惬意的生活正是她用 30 来年的辛勤劳动换来的。她细细地品味着茶，不由自主地讲起了自己的创业故事。

杨金华讲述着巷子里几十年前的往事，那就是演员们整天油彩抹面地在宽巷子口处搭建的戏台上演唱着各类人物、趣事，并能引起在台下经过、赶集或者清闲的人们的乐趣，还时不时地发

出呐喊声、鼓掌声和调侃声。尼姑庵就在戏台的不远处，每逢赶集，虔诚的香客就会把香火烧得更旺。除此之外，巷子里还住着一位姓许的商人，能够招引更多的交易货郎和小贩……而现在，宽巷子因为文化和商业，经过几十年的沉寂，再次成为成都的亮点。

坐落在宽巷子中的茶馆，主要以青砖砌的瓦房、漆已褪色的木门、满是灰土的灯笼和吱吱作响的木板作为主基调。可是，这看上去破旧不堪的房子，却有着不菲的价值。几十张茶座摆放在茶馆内外，每天都是高朋满座，杨金华每天的纯收入近7000 元，这主要来自国内外的茶客身上。除此之外，杨金华也是这个茶馆的产权所有人，她还透露说，“现在这里的一些铺面，每平方米售价已接近 6 万元。”就按照她所说的进行推算，仅这一间茶馆，杨金华的资产已经有百万多元。

当杨金华说到用前半生的辛苦换来现在的富裕生活的时候，她的脸上会不由自主地洋溢出幸福的笑容。但是，当她回忆起以前的点滴时，脸上也会透露出一些的心酸。

1985 年，28 岁的杨金华辞掉了成都丝厂的工作，回到家照顾重病的奶奶和 3 岁的儿子，同时她还承担了家里所有的家务。杨金华简陋的家位于宽巷子里，她每天都周旋在家里的锅碗瓢盆之间。丈夫是全家的顶梁柱，他们主要的经济来源是依靠丈夫在杂技团打工。

杨金华最无奈的选择就是成为家庭主妇。杨金华 19 岁的时候就已经在丝厂上班。她每天早上 8 点从宽巷子出发到位于三瓦窑的丝厂上班，这一出去就是一整天。她这样整整干了 9 年，最终由于病重的奶奶和刚出生的孩子，不得不离开丝厂，这一年她28岁，做起了全职家庭主妇。

日子过得还算安稳，可杨金华的心并不安稳。她一心想要挣些钱来补贴家用，最终她在一家音像器材公司找到了一份收入可观的工作。后来的一次偶然机会，使她走上了自己的经商之路。

那时，一位贩卖钢材的朋友在跟杨金华聊天时说，自己的公司由于生意亏本，很难再维持下去。这时，杨金华便出现了想要经商的念头，打算入伙。可是，要想让公司运转正常需要20万元，这对于杨金华来说不是一个小数目。想要筹集到那么多钱，这便使杨金华产生了“把房子拿出去抵押贷款”的想法，随之而来的压力也就越来越大。这处老宅是祖上传下来的，如果生意赔了，老宅将会给别人。杨金华与丈夫商量了几天后，终于决定在此一搏。

那时候的杨金华，每天吃不下饭，睡不着觉，心里一直提心吊胆，没日没夜地在公司里联系客户、计算着收入。后来的结果正和她预料的一样，由于这笔资金的注入，公司很快起死回生。随着顺利进行的各项买卖，杨金华投入的钱很快回本。

当杨金华想要在生意上大干特干时，一场突如其来的变故，打乱了她所有的计划。由于儿子的叛逆，杨金华不得已放弃所有，把全部精力放在儿子身上。

杨金华久久不能忘怀这样一个场景：为了找到离家出走的儿子，身无分文的杨金华走遍了成都的大街小巷。那段日子杨金华最艰难。由于丈夫的下岗和儿子的叛逆给家庭带来的巨大打击，葬送了全家的经济来源。这样的日子一直持续到 2001 年，杨金华为了维持全家的生计，决定在宽巷子利用自己的房子开一间茶馆。

那时候宽巷子里已经有好几家茶馆，一块钱一杯，生意并不好做。杨金华说，“那时，来这里喝茶的只是一些拾荒匠，以及周围的一些大爷大妈们。他们要一杯茶，一要就是一天，这样的生意有等于没有。”她开茶馆主要是想要教育儿子，同时也能有所收入。

开茶馆的第一年，杨金华挣的钱仅仅能够维持全家基本生活，要想装修茶馆，钱根本不够。她苦笑着，掰着手指算着，“一天只卖 10 块钱，除去成本和开销，能剩下什么？说实话，有时候做不下去了，想要放弃，寻思着把房子卖了，找个好店铺。”但最终杨金华还是坚持到了现在。

如果当初杨金华放弃了，她现在可能会很后悔，她的坚持是正确的。随着时间的推移，作为成都市老街文化的代表，宽巷子的名气越来越大，喝茶的人也越来越多。她注意到，来她这里喝茶的不光是些外省人，还有些背着旅行包旅游的外国人。杨金华很奇怪，为什么这样一条普通的街道会突然间变得如此热闹？杨金华说，“为了了解清楚，我还特地问了许多来这里喝茶的人。他们说，我们这里环境好，视野开阔，不喜欢城里那些用钢筋水泥铸成的茶馆。”杨金华对于这些人的感受不大理解，但是她很明白茶馆的生意会越来越好。

茶馆还是原来简陋的茶馆，而一碗茶水的价格却由最初的一元，变为两元……最后变到现在的 5 元。杨金华有点激动地说："看来我的坚持是正确的，坚持做生意，坚持做茶馆，一切事情只要坚持就能成功。"

16. 骆青峰：街头烤虾创出“日赚 3 万元”的奇迹

在武汉，有一个叫骆青峰的，他日收入 3 万元，相当于普通人五六个月甚至一年的收入。他以前就是街头的一个小摊贩，究竟是什么原因使他转变了命运呢？这就要从电线杆说起。骆青峰说：“以前在这个电线杆旁边有一个烤箱，当时的那根电线杆被熏得黑油油的，很黑，大概有半年的时间都残留着烤虾的香味。”1998 年以前骆青峰在这里卖烧烤，1998 年的一个偶然机会，他发现了烤虾球这一挣钱的买卖。有一天，一个开饭馆的亲戚给了骆青峰一些剩下的虾球。骆青峰为了不浪费，便随便处理了一下吃起来了。当时店里的一位顾客看见了他这一举动，觉得很稀奇，就要了一串，来尝尝。“当时他尝后也没说好吃或者不好吃。后来那位顾客说，我一吃觉得味道还不错，第二天就跟朋友们介绍了一下，这一介绍不要紧，他们非要我带着他们去尝尝。”结果第二天，来骆青峰店里的大多数客户都是为了这个虾球而来。

丝毫没有准备的骆青峰手忙脚乱之后，终于做出了一盘烤虾球。那时候的武汉，虾球主要是煮着吃或者蒸着吃的，从来没见过烤着吃的，在他这还是第一次看见。这件事对骆青峰启发很大。骆青峰说：“我发现这个虾球还是很有市场的，全国应该只有我这一家用这种方法做，我应该把烤虾球当作我店里的招牌产品。”

武汉市民消夜时最常吃的食物就是烧烤，而这种烤虾球在烧烤中比较稀奇，很多人都图尝个新鲜。这无疑给骆青峰带来了挣大钱的机会。他便在巷子里竖起了“正宗烤虾球”的招牌，每串烤虾球卖一块五，一个星期后，他竟然卖出去了七八千串。骆青峰说他两间五六平方米的屋子，加上外面的十来个桌子，一天竟能卖一千七八百块钱。当时，骆青峰统计了一下，他发现每天营业额中卖虾球的数目竟然占到了一半以上。他决定要把烤虾球做好，做强。

2000 年夏天，骆青峰已经积攒了近百万元，他买下了周围的四个小店，随之而来的虾球的销售量也越来越大，由以前的每天一千多串发展成了三千多串。这里每天晚上都要掀起一股吃烤虾球的热潮，人员爆满。有的居民说：“满院的人都跑来了，的士司机都晓得洪珞村里头有个烤虾球的。”骆青峰说：“下雨的时候，小店依然爆满，人们为了吃上烤虾球，真的会打着伞在雨里等，看着哪桌的人吃完了，还没等你把桌子擦干净，更不用说扫地了，你根本来不及，顾客就已经挤上去了，就这样一持续就是几小时，等生意做完了、顾客都走了，你会发现地上的垃圾那么厚。”

一到午夜，这条小巷子就成了骆青峰的专用露天餐馆。当楼上居民正在梦乡之中时，这里却忙得不可开交。每天这样，附近的居民也有意见了。有的居民说：“到这里来的大多数是外面的人，每天都要持续到那么晚，别人白天还要上班呢。”还有的居民说：“人多，杂，吃后的垃圾还到处乱扔。”卫生部门很快就知道了这种情况。

胡鸣是武汉洪山区卫生监督所监督四科的主任，他指出：“桌子虽然摆在了小区里面、巷子里面，其实摆在巷子里面就是摆到马路上来了，这不符合食品卫生法的规定。”骆青峰说：“由于居民的投诉比较频繁，隔三岔五地卫生、环保、城管部门都会找我。”在2003年4月，由于居民的强烈反应，最终骆青峰最害怕的事情发生了。胡鸣说：“有时候下水道阻塞了，根据我们的现场检查，发现你以前办的卫生许可证跟你现在这个规模已经不相符，完全达不到食品卫生安全的标准，必须进行停业整顿。”那时候，骆青峰光卖烤虾球，月收入就达20万元。这样突然被停业，无疑是当头一棒，骆青峰整个人都呆了，情绪也变得很暴躁。

骆青峰说：：“这么多年了，我终于熬出点头，怎么说不让干就不让干了呢？我是真不甘心。”忙碌了大半辈子的骆青峰，突然闲了下来，整天地在街上闲逛，一直寻找着重新再来的机会。2003年5月，由于受“非典”的影响，骆青峰的小店彻底被拆除了，他连翻身的机会都没了。唯一不变的还是那根电线杆子。骆青峰说："小店拆了之后，我还会时不时地回去摸摸那根电线杆子，它对我有一种说不出的感觉。"接下来，骆青峰一直寻思着如何发展。2003 年 6 月，他得到了岳父的帮助，在武珞路租下了一个门面。他认为，烤虾球的名气已经打出去了，这些老客源不能损失掉。他就让员工在以前的店铺那里立了个搬迁的牌子，告诉老顾客们他的店还在。做好了充足的准备之后，他的新店正式开张。

骆青峰说："为了搞好气氛，我还特地请了一支乐队，实际上那是多余的，由于晚上来的人比较多，根本没有了乐队的一席之地，甚至会把门口堵上，当时的生意那叫一个好啊！"新店的选址好，在武汉市的主干道上，人口密集，生意比想象的还好。骆青峰吸取了以前的教训，改进了营业时间。骆青峰说："以前我们是下午才开始营业，现在我改在了中午，到晚上 12 点就停止营业，其实 12 点到凌晨 3 点是武汉市夜宵的小高潮，为了不扰民，我放弃了这三个小时。"改进后的新店招揽了许多顾客。骆青峰说："现在的顾客主要集中在白领和小资之间，他们对环境比较讲究。"有的食客说："现在的环境比以前好了。"还有的食客说："店面大，环境好，还很卫生，比外边小摊上的好多了，吃了很多次，一次也没有拉过肚子，还有就是他们的虾球很新鲜，口感好。"

新店开张不到一个月，骆青峰的营业额就到了 50 万元。随后，对虾球的需求量也就更大了，黑虾的出现是必不可免的。骆青峰说："我们员工因为没有把好质量关，拿回去的虾是黑的，顾客吃了之后反映虾的味道变了，不新鲜，是死的，但事实上虾都是活的。”骆青峰认为，虽然黑虾是小事，但只要是有顾客反映，就不能忽视，这关乎着虾店的声誉问题。2007 年开始，骆青峰严把虾的进货关。骆青峰说：“这是早上刚进来的虾，一定要放在冰块里进行保鲜，如果不保鲜，一到两个小时虾就会坏掉，做出来的味道就不好。”为了保证货源好，骆青峰选择了湖北农村的金玉良作为供货商。

骆青峰买来的虾都是金玉良每天从武汉市的大型水产品市场收购来的小龙虾。金玉良说：“他要的虾子跟别人的规格不一样，他就要好进味、7 钱（1 市钱=5 克）以上的嫩虾，这样的虾做出来的味道好。”骆青峰说：“虾有两种，一种是在清水中生长的虾，它颜色是青色的，很干净；另一种是在污水中生长的虾，颜色是黑色的，不干净，我们都是用这种青虾，做出来的味道要比那种黑虾好很多。”由于骆青峰用的虾很特殊，只用虾尾，为了节省时间和劳动力，他便和供货商达成了协议。

生意好的时候，骆青峰一天要用活的小龙虾 2500 千克到 3000 千克。在武汉，只有骆青峰一家做烤虾球生意，他需要的虾球量最大。烤虾球对于现在的人们来说已经不稀奇，好多人来吃主要是为了虾球店的名气，这令骆青峰很高兴。

骆青峰的生意做得越来越强大，无人能敌。他说：“生意火的时候，每天连续工作三四个小时，5 个烤箱同时开着，一共可以烤出三四千串，这个速度不算快，当烤得差不多的时候，就要马上刷油，要不然会烤焦的。这个虾特别好烤，说话的功夫就能烤好，稍微一烤，颜色就变了，这个比炒菜要来得快，上桌快，客人不用等得着急。”2004 年夏天，骆青峰的生意达到了鼎盛时期，他每天能够卖到 3 万元。可是后来他发现武汉餐饮市场上出现了各式各样的虾产品，自己的生意被别人抢了。骆青峰认为，这就是竞争。而对于新的挑战，他信心满满，做好了充足的准备。

17. 白露丹：上阵设计开拓定制服装王国

一家别致的服装小店坐落于武昌胭脂路路口的拐角处，店里各色做工精细、裁剪漂亮的礼服和女装吸引了很多顾客。顾客也许很难想象到，那些引起他们购买欲望的锦衣华服均出自该店老板白露丹的巧手。

白露丹，武汉土著，为人直爽，人缘很好，朋友们都亲密地称她“小白”。外形娇俏玲珑的小白年轻时尚，乍一看，谁都不会把她和服装店老板联系起来，反倒会觉得她是个热爱时尚的美女顾客。她也笑称自己是“殿堂级购物狂”，特喜欢“血拼”漂亮的衣服和鞋子等。在服装设计这个行业里，她与众多设计师不同，她并不是“科班出身”。两年前的她，还是一个外企的白领。

小白在大学学的是财会专业，毕业后进入一家外企，朝九晚五的职业生涯从此开始。上班下班虽说单调，但倒也不错。2001

年，她人生的轨迹发生了很大的转变。妈妈因癌症去世，这让她觉得人生短暂，应该趁着年轻去实现自己的梦想。

小白从小就有一个梦想，那就是能够穿着自己亲手设计的衣服。机缘巧合，她结识了学服装设计的JOJO，并且她们后来还成了很好的朋友。她们经常自己动手尝试设计衣服，对于比较满意的还会找裁缝定做。每当小白穿着自己设计的衣服出去时，总有人向她打听这么好看的衣服是在哪里买的。小白为此也总是很欣喜。在单位里，同事们经常说她就是个时装模特。因为她眼光的独特，同事、同学都喜欢在逛街时拉上这位时尚达人。

小白所在的外企待遇优厚，这让好多人都心生羡慕。2005年，为了实现梦想，她作出了一个令很多人不能理解的举动——辞职。但她的好朋友，也是她的旧同事，时任某外资品牌手机湖北客户运营经理的王海却不那么认为，“创业这个想法在她脑子里很久了，她辞职我一点也不意外。”在这位有创业经历的朋友看来，小白是很适合创业的。比如她的品味很独特，能够把产品的特点和市场的需求相结合。再比如她善于发现高端客户的需求。在王海看来，她的创业是“万事俱备只欠东风”。

第一股东风吹来了。她和弟弟从中华路乘船过江，发现附近有很多新修正在转让的门面。两人抱着看看的目的过去一看，俩人谁都没想到，只是一看，店面便定下来了。店面有了，就得铺货。为了找到好的货源，小白和大多数外贸服装商一样，带着助手来到广州。对于初涉这个行业的小白来说，找到好货源并不简单。她和助手每天跑上千家服装店，看货、挑货、订购，等到晚上休息的时候，累得连吃饭的力气都快没了。

17. 白露丹：
上阵设计开拓定制服装王国

2006年，对小白来说是不平凡的一年。年初，她的“禅猫”服装店开业了。初涉服装销售行业，小白本打算先“交点学费”，做好了亏本销售三个月的心理准备。让她没想到的是，第一个月就盈利了，真是“忽如一夜春风来，千树万树梨花开”。

“禅猫”服装店虽然不大但却别具一格。小白在服装搭配上很有一套，往往很普通的衣服经过她搭配之后就变得“闪亮”了。正是因为这一特色，初涉服装销售行业的小白在第一个月就盈利了。

短短几个月的时间，“禅猫”就拥有了自己的稳定客户。很多“回头客”往往进店后会直接让小白推荐，如果合适就全部买走。电视台某位编导就是这些熟客中不得不提的一位，她因买衣服和小白成了好朋友，经她推荐，很多同事都喜欢上了小白的服装店。

这年冬天，小白在进货时却迟迟下不了决心下订单。因为凡是自己看中的服装，尤其那些做工精细、款式漂亮的衣服的进价都太贵，一件半身裙，批发价竟然都要400元。精明的小白不傻，对于自己的小店而言，太贵的服装会让顾客不能接受。

空手而归的小白人是回来了，但心思还在那些漂亮的衣服上。终于，一个大胆的想法诞生了——自己设计！说干就干，很快，店里多了一批挂着“JKV”牌子的毛呢大衣、半身裙等由小白自己设计制作的不同款式的衣服。山重水复疑无路，柳暗花明又一村。让她没想到的是，这批自己设计的衣服竟然很快就脱销了。

又一次尝试成功了，小白终于实现了自己的梦想，在好友

JOJO 的帮助下，到了 2007 年春夏之交时，小白的“禅猫”服装店里已经有一半的衣服都是她自己设计的，并且销量颇丰。于是，精明的小白又打起了自己的算盘：为何不自己设计自己制作呢？新的问题来了，自己设计服装制作服装需要大量的员工，如果达不到一定产量是不行的。她解决这个问题的办法很简单，那就是让产量大起来。

开业一年多，“禅猫”服装店才刚刚步入正轨，为了让自己的梦想更加圆满地实现，小白再次忙碌了起来。找车间，招工人，请师傅，忙得不可开交，这一忙就是四个多月。小白服装加工厂终于成立并投入运营。在小白看来，这将是一个不平凡的车间，因为它承载着自己梦想。当看到衣服热销后，小白终于放下已经悬了很久的心。

小白注入大量心血的中华路“禅猫”服装店和承载着她梦想的胭脂山服装加工厂生意蒸蒸日上。但是她心里明白，汉口才是武汉最时尚的地方，要想知道自己的服装能否经受得住市场的检验，必须将生意做得更大，必须要“过江”开店。

2007 年，小白开始向江对岸“进军”，分别在汉口民众乐园和万达广场陆续开设分店。靠着她的经营有方，两家店的生意都不错。可新的问题来了，胭脂店的需求量很大，几乎吃掉了工厂一半的产能，而汉口的两家分店面临货源严重紧缺的问题。小白觉得战线拉得过长了，后来，小白决定暂时撤出汉口，缩短战线后，门店和工厂之间的供应关系渐渐理顺。武昌店的业务不仅没受到影响，反而比以前更好了。

小白一直在寻找机会将生意做得更大。在朋友的建议下，她决定进商场“试水”，因为服装只有进入了商场，才能确立自己的行业地位。功夫不负有心人，经过前期与商场的沟通，武昌一家高档商场有意让她亲手设计的服装进驻。

如今，小白设计的服装已经不再小众化了。说不定在人们的周围，甚至在自己的衣服里，都有出自小白巧手的衣服。

18. 孙克前：鹌鹑深加工成就不一样的财富

坐落于山东省济宁市西部的嘉祥县是个鹌鹑养殖大县，每年可出栏300万只鹌鹑。但是，这里曾经发生过令当地养殖户恐慌不已的事情，鹌鹑蛋的销售量不断降低。与此同时，活鹌鹑的价格也是一跌再跌，从每只1.5元降到了0.6元，不少养殖户都开始宰杀鹌鹑，试图把自己的损失降到最低。不过也有例外，与这些身影有着鲜明对比的是一个叫孙克前的养殖户。为什么这么说呢？因为别人都在宰杀鹌鹑，他却在收购鹌鹑。

孙克前收购的范围不仅是本地，而且河北、江苏等地也在他的收购范围之中。仅三个月他就收购了2000吨鹌鹑，分别放在各地的冷库里，大多数的人都抱着看笑话的心态来看待他的行为。2006年2月鹌鹑价格回升元，每只价格达到了1.3元。孙克前果断出手，纯赚30多万，又一次成为人们关注的焦点。

事后孙克前说，其实自己也没有十足的把握，就想着赌一次，要是赢了，自己就成功了，实在是输了的话，自己还有个加工厂，大不了深加工再销售。他还说道，随着市场需求逐步增加，每年都会有低谷和高潮，这些分析坚定了自己的想法。事实证明他成功了。

现在凭着小小的鹌鹑，孙克前每年能赚 100 多万元。但是当初他可不是一个商人，而是在机关上班的干部，是一次帮忙改变了他的人生轨迹。

嘉祥县养殖鹌鹑由来已久，在温州的朋友托孙克前收 20 吨鹌鹑蛋，一斤给 5 分钱手续费，两三天他就收齐了。两三天拿到了一个月的工资，孙克前高兴不已。事后他了解到鹌鹑蛋在南方很受欢迎，还有很多种吃法。经过进一步的调查，他知道了鹌鹑一年产蛋量在 270 个左右，加起来是体重的 20 倍；而一斤鹌鹑蛋只需要 1 元的饲料，价格却卖到了 4 元。了解这些之后他毅然辞职在家养起了鹌鹑。

孙克前回忆道，那年鹌鹑蛋达到 4.8 元一斤的高价，每一只鹌鹑纯利润就有 2 元多，2 万多只鹌鹑，一天都有 400 多元。由于效益好，农户开始盲目扩大规模，结果在 1998 年，市场饱和、供过于求。养殖户都在为销售发愁，孙克前也是如此。后来，他打听到成都有个 30 万只的鹌鹑养殖基地，在旁边有个鹌鹑蛋交易市场，他想去碰碰运气，看看能否给自己家的鹌鹑蛋找到销路。他碰了一鼻子灰，不过却发现了另一个事情，很多人在购买鹌鹑蛋罐头。看见好多人都在买这种罐头，仔细打听一下才知道成本非常低，这不正是自己要找的销路吗？

孙克前想到，带壳都这么好卖，那不带壳的呢？说干就干，他回家就请了做水果罐头的师傅，用人工将煮熟的鹌鹑蛋去壳，然后杀菌。不过他们是按照做水果罐头的方法来做鹌鹑蛋罐头，所以做出来的罐头没几天就变质了。在耗费了1吨鹌鹑蛋之后，他们摸索出要在129℃杀菌才能使罐头保存更久。人工剥壳一天最多能剥40斤鹌鹑蛋，这是远远不够的。想一下，一吨鹌鹑蛋要多少人多少时间才能完成啊？后来他听取了朋友的建议，开始用药物对鹌鹑蛋进行剥壳处理，而且这种药物对人体是没有任何危害的。

孙克前把这种罐头的市场瞄准了消费能力高的上海。由于罐头货源紧缺，而且携带方便，开盖即食，很适合走亲访友和酒店的使用，结果可想而知。

时间一转眼就到了2000年，鹌鹑鲜蛋价格从3.5元降到了1.5元，别人都在愁销路时，孙克前这两年靠鹌鹑蛋罐头赚了60万元。

罐头市场的成功使得孙克前的养殖规模扩大了，高峰时达到了20多万只的存养量。但是每一年春天的鹌鹑都被卖给了外地来收购的商人手中，他们收去做什么呢？孙克前是不知道的，然而一次偶然的发现，孙克前又发现了商机。他回想到当时的市场鹌鹑白条卖1.6元一只，卖活的1.2元一只。孙克前打听到这些白条鹌鹑大部分被酒店买去做烧烤，销路还不错。知道这些后，他决定自己加工白条鹌鹑。这次他借鉴的是当时白条鸡的做法。在经过多次实践后，他掌握了合适的温度对鹌鹑进行脱毛处理。由于本地市场的局限性，孙克前把目光转向了旅游业发达的泰安市，在泰安的一个农副产品市场设立了一家直销店。

没想到，开业一个多月竟然连一只白条鹌鹑也没有卖出去，这使他备受打击。后来他想到利用做鸡的方法把鹌鹑做熟后分割成块，让过往顾客品尝，到现在这种方法还一直在使用，而且效果很好。但是鹌鹑虽然好吃，知道如何烹调的人却不多。孙克前从《中国食品杂志》等刊物上搜集了一些食谱，拿着白条鹌鹑和食谱到周围的酒店去推销。经过两个多月的推销，白条鹌鹑逐步得到了市场的认可，销量不断上升。后来孙克前又在济南、上海等地设立了直销店，用同样的办法打开了市场。

正当白条鹌鹑好销时，2004 年 5 月上海一个要雄鹌鹑的电话却使他犯了难。

孙克前说道："公鹌鹑烧烤，就要十几天的，不能超过 15 天，超过 15 天肉质就没有这么嫩了，这可愁死我了。"

可是在以前鹌鹑孵化出来后，雌雄混养到 25 天以后才能分辨出来，雌鹌鹑留做产蛋用，雄鹌鹑则做肉食用。虽然对方的订单是 3 万只，但孙克前却没法接。因为肉质达不到顾客的要求，不能砸了自己的招牌。后来他引进了根据胎毛颜色辨别雌雄鹌鹑的方法，鹌鹑刚孵化出来就能分辨雌雄，从而及时分开喂养。

孙克前一年能养 15 批鹌鹑，由于雌雄分开养殖，光节省饲料钱就有 4 万多元，并且不管客户要多少天的白条雄鹌鹑他都能提供，每月的销量达到了 40 多万只。

2005 年 2 月，孙克前花 3000 元买回了一个五香烧鸡的生产配方，试做五香鹌鹑。开始产品口味可以，但肉没有嚼头，无论从色度和新鲜度看都不理想。后来他受街上卖炸鸡腿的启发，先把鹌鹑用高温油炸了一下，再放上配料煮熟，出来的鹌鹑味美色好。他把生产出来的五香鹌鹑，通过自己的直销店投放市场。

后来孙克前又结合南北方不同的口味开发出了麻辣鹌鹑、带皮鹌鹑蛋等五六个品种的休闲食品，销往了武汉、宁波、昆明等南方市场。由于有了直销店的销售渠道和休闲食品的深加工，所以2005 年 8 月当鹌鹑行情不好时，孙克前能够在别人大量宰杀鹌鹑时大量收购；在别人赔本时反倒通过冷藏加工赚了钱。很多停养鹌鹑的农民看他挣钱了，便恢复了继续养殖的信心。

随着时间的推移，孙克前经营的鹌鹑蛋已经通过南方一些企业出口到了日本、韩国等十几个国家，他还准备直接把自己的鲜鹌鹑蛋销往国外，来赚取更多的外汇。

19. 刘杰：从摆摊小贩到酒店老板

南京有家生意兴隆的“胖头鱼”酒店，它的拥有者当年只是一个从安徽过来、手里拿着两块钱的打工仔，他就是刘杰。刘杰17岁初次踏上南京的路面时，先是打工。由于他的辛勤劳作和诚信经营，他成为老板，第一个在新街口买了房子。

那是1993年，刘杰作为17岁的青年，还没有出过县城。而他第一次出远门就是走了200千米路从安徽的小山村到了南京这样的大都市。彼时，他身上只有两块钱，为了养活自己，做起了打工仔。

经过十多年的奋斗，刘杰从17岁的打工仔变成了而立之年的企业老板，拥有的资产也超过了百万元。他是一个传奇人物，从羊皮巷菜场走出来，却成了“胖头鱼”酒店的拥有者。似乎从菜场到酒店，不论生意大小，他的每笔生意好像都比别人红火。为此，他的解释很简单："除了运气，就是我比较用心做事情吧。"

刘杰给人朴实的感觉，中等个子，平头，圆脸。刘杰的家乡是安徽霍邱县的一个贫困的农村。他是家里五个孩子中最小的，却是最懂事的。"上小学时，我就开始自己挣钱交学费了。家里面有不少果树，收果实的时候，我就骑自行车把水果运到集市上卖。记得有一次下陡坡时没骑稳，直接摔了下来，一条腿受伤了，到现在都没好。"

在小学时，刘杰的成绩总是排在班里的前三名，非常稳定。可是，他去了镇上的中学后被一批社会上的朋友带坏了，由于常去玩，就把学习的兴趣给磨灭了。到了初中毕业，他就不再去上学了。"当时我们村书记说了一句话，'榜上无名，脚下有路'，抱着这样的信念，我决定走出来闯一闯。"

1993 年时，正是城乡之间打工潮汹涌的时候。17 岁的刘杰就和当时很多年轻人一样，背井离乡，带着梦想踏上了去往城市的路。他选择了来到南京，尽管身上只有两块钱。

一开始，刘杰在珠江路的一家米店打工。"经常扛着米袋送货上门。一个月 80 块钱，当时也不在乎钱，主要是找份糊口的工作先在南京稳定下来。"不过在三月后的农忙季节，刘杰辞工回乡干活去了。

农忙结束，刘杰带了在老家收购的 50 多千克黄鳝到南京。"这是我第一次做生意，但是失败了。由于没经验，把黄鳝关在卫生间，一个晚上就从下水道跑掉三分之一。"

刘杰说："当时来回折腾做生意，都没有赚到多少钱，就想找份新工作，便跑到三元巷劳动市场去。”恰好那时候，一个来自羊皮巷菜市场的女老板在招伙计，没挑到满意的。这时，刘杰就主动上前应聘，还说自己可以不要钱，只要管饭就行。女老板被刘杰的诚恳和廉价打动了，雇用了他。

“后来我才知道为什么老板找不到合适的伙计，因为他们很苛刻，一点小错都要骂，一年下来我过着担惊受怕的生活。”一年三百多个日子，每天都是刘杰的工作日。他就住在市场的菜棚里，夜里一点就开始干活。因为总是泡在水里，胶靴底坏了，脚也经常脱皮流血。而到年底时，却只拿了每月 200 元，是全市场最低的。

“那时，我睡在菜棚下，就想有朝一日，自己能当上老板。”一年的菜市场工作经历让刘杰下定决心要自己当老板。于是他开始在市场上零碎地贩卖一些水产品。那时候他没有摊位，被管理人员赶来赶去。

而这时转机来了。“老板的弟弟和我一起工作过一段时间，感情不错。后来，他自己做了老板，就让我过去帮忙。通过在市场零卖和向酒店派送，我把生意迅速做了起来，光是送货一年骑坏了三辆自行车。在 1996 年就挣了 30 万元。

“老板很讲义气，和酒店老板吃饭时都把我带着，结交了很多朋友，也了解了一些酒店经营的事情。但是后来老板开始赌钱，导致债台高筑。实在坚持不下去了，我就帮他承担了部分债务，接手了生意。

“1997 年年底，两家我经常供货的酒店因为经营不善倒闭了。此时我也赚了几万，就和一个认识的厨师合伙在夫子庙开了一家大排档。这也是我进入餐饮的开始，但是只经营了两个月，就因为双方意见分歧不欢而散，关门大吉。”

这时刘杰选择回到羊皮巷菜市场，但这次，他不是来打工的，而是自己做摊位老板。“我进去的时候比较晚，都没有摊位了，费了很多周折，才在市场最中间挤出了一个摊位，那是生意最差的地盘。之前也有一些资历深的摊位老板，总是喜欢挤压我的生意。此时要感谢我的老东家，靠着老资格帮我维持了一年，使得我最终能在市场立足。”

刘杰在菜市场的生意越来越好，到 1999 年底时，他已经盘下了新的摊位，有了七八个伙计。“我做的每一个生意都比别人赚钱，除了运气，还有用心。一方面，我们半夜一点钟就开始工作，能够保证货源，和很多酒店有很好的合作关系。还有很重要的一点，我是从伙计出身，所以和伙计们同吃同住，就像一家人一样，而且对别家的伙计也很友好，招揽了很多生意。加上我做生意足斤足秤、和气生财，甚至出现了价格高于周围摊位，也很受欢迎的情况。”

2001 年，刘杰在新街口买了一套价值 30 万元的房子，成为第一个在闹市区买房的羊皮巷菜市场人。

刘杰当上老板后，财富增长，也开始思考投资新的方向。刘杰说：“2005 年，我在市场已经做到了一定程度，没有更高的利润空间了，就开始涉足餐饮。做酒店是我一直的梦想，和酒店打了很多年交道，看到酒店发达或者没落，积累了很多经验。”就是在抱着这样的梦想和做好了 20 万元全部亏掉的心理准备的情况下，刘杰把第一家“胖头鱼”酒店在太平南路开了起来。

市场有积累，资金和货源有保障，厨师也很让刘杰放心，因为他是刘杰妻子的弟弟。

刘杰说，餐饮想做起来就一定要有人气，有口碑，因此他把菜价标得很低，而且还与顾客交朋友。“当时我是老板，也是大堂经理，开业初期，我向每一个客人敬酒，认识了很多朋友。只是 3 个月后胖了 10 千克，到医院查出来三高，被迫戒了两个月的酒。”

财富增多，伴随着刘杰的反思也增多了。“以前我是靠年轻来拼体力，而现在靠拼智力。”他经过思考得出结论：赚钱固然重要，但经营理念更是不能轻视的。吃苦耐劳是好的，但取长补短更重要。“我相信别人比我聪明，所以我愿意把钱分下去来获得智力支持。现在酒店和市场，我都请了专业人员来帮我打理，包括南京大学 MBA 毕业生在做我的市场总监。我宁愿自己赚得少一点，但把钱发下去，一支有素质的团队作战，才能做大做强。”

20. 史晓燕：“伊利诺依”综合潮流打造者

史晓燕拥有传奇的七年经历，在这七年，她从协和医院走向了大洋彼岸，从全职太太变成了“伊利诺依”老板，从女护士走向了董事长，把只能容下几张沙发的小店扩大到了宏大的汽车公园。她用七年时间亲手打造自己的挪亚方舟。

史晓燕与许多成功人士一样，背后有许多小故事：5 岁时进体校，练过游泳和排球，高中毕业前都是属于玩儿的时间。报考大学时，一开始清华、北大都抢着要并且免试。但最后却因为差了25 分而没有被录取，去了协和医院护校。史晓燕毕业后到了骨科病房，每天的工作都是打针送药、端屎端尿，不仅工作辛苦，又脏又累，关键是工资太低，每月才 70 块钱，夜班补助才 6 毛钱。史晓燕觉得很难忍受，这样的地方完全不能承载她远大的理想。所以，下班后她就拼命地自学外语。

20. 史晓燕：“伊利诺依”综合潮流打造者

1984 年，史晓燕做了一件几乎不可思议的事情。在没和任何人商量的情况下，她从协和医院停薪留职，进了一家外企公司当前台接待人员。她当时的同事评价她“能干、聪明、反应迅速。”对于她的跳槽，她们都表示理解，因为她不甘心当护士。

可是在外企工作时，史晓燕从来没学会打字和计算机，上司却很赏识她。史晓燕坦言：“到今天我也不会用计算机，我就是愿意和人打交道，我行什么，我就去做什么。舍弃我不行的，干我行的。”

史晓燕的先生，是一位姓叶的男士，当时一度是她的上司。

史晓燕的命运在与叶明钦结婚后改变了。两人都对对方的评价很高。叶明钦说：“她当时给我的第一印象：精明、能干、果断，没她做不成的事，只要她一出面，总能搞定。”史晓燕说：“选老公也跟投资一样，那时候的叶明钦够聪明、肯干、能吃苦、勤奋。”

叶明钦从加拿大留学回来，是外企的宠儿，先后在几个大公司待过，最后成了 IBM 中国区总裁。但丈夫几十万元的年薪没有让史晓燕有安全感与满足感。1989 年，叶明钦到新加坡工作，史晓燕也随着到了新加坡，开始做起了导游。之后她又尝试买卖房子。她说：“当时没有和先生商量，第一次买房子买到了红灯区，第二次卖了房子，我赚了 8 万新币，我找着北了，我觉得我适合做贸易。”

史晓燕对发达国家进行了了解，找到了感觉，发现了有品位有设计感的家。她想做就做，决心在高起点开始她的事业，因此跑到了芝加哥惠灵顿学习每年 7 万美元的室内设计。当时国内的家具业刚起步，史晓燕就迫不及待地接下了为一个200多套房子的别墅区提供家具的生意。当时她还在念书，但为了生意放弃了，而且从美国进口家具来完成这笔300万美元的单子。可是由于没有经验，这单生意让她一年的辛苦全白费了。她说："没计算成本，全交了学费了。"

这次经历并没有将史晓燕击垮，她利用仅剩的一点资金和叶朋钦在机场高速路旁建了一个家具厂。一开始只接一些修改的工作，慢慢地这家资金150万元、占地50多亩的工厂成了史晓燕的腾飞基地。

失败的经历也没让史晓燕收敛胆子，反而更大胆了。她觉得自己有国外进口的家具，而且有一定规模的生产力，就在家具品牌圣地中粮广场租了百余平方米的卖场。当时，她的卖场几乎每月零售额都达到100万元，但这样的好事不长，很快她又出事了。对此，她这样解释："商场上就是你死我活。我这人太好强了，争强好胜，骨子里不希望别人比我好。在中粮广场其实我已经卖得很好了，但是我还是不能忍受别人比我卖得更好。于是我就开始仿别人家的一张床，他卖1.3万，我装作顾客测量，做好后卖1.8万，这款床我卖了100多套，一直卖到今天，这款床给我创造了无数的利润。结果其他17家店把我告到了海关、工商，最后我不得不从中粮退出。但是我觉得竞争是一种鞭策，我喜欢商场的挑战。"

史晓燕还有更大胆的举动。从中粮广场出来后，她没有选择新的家具城，而是在光华路租了一个400万元的破旧工厂。她把这里打造成1万平方米的卖场，这就是之后的"伊利诺依"。为了“伊利诺依”这个王国的梦想，她坚持每月都出国到世界各地看家具展，还将我国台湾的李先生请来，李先生同时是资深家具设计师和资深管理人。史晓燕一直走在时尚的前沿，因为她具有远见。她说：“现在大部分时间在工厂，每月一半时间出国看展览、采购、看东西，周末在一线，了解一下市场。虽然工厂的规模不断扩大，但是有专业人士管理，工厂才逐渐走上正轨”。

21 世纪以来，史晓燕根据家具市场的众多风格，确定了“伊利诺依”“独有的家具风格——新古典、后现代。这种风格中西结合，城乡结合，时尚与农村风格兼备，国人和老外都喜欢。从此，“伊力诺依”走向了国际市场，并开始代理世界十大家具品牌。

但史晓燕还不满足，她又在机场高速路边建了一座占地 1 万平方米的家具中心。“伊力诺依”不仅有热火朝天的时候，也有门可罗雀的时候。史晓燕也经历过这些，经历过喜欢欧式风格，轻视中国风格的时期。她的员工告诉人们：她越遇到困难，就越有办法。我们的风格不停地在变，用她自己的话说，就是不停地在折腾。不断地否定自己，改变过去。她对时尚的东西有敏锐的嗅觉，天生的，很奇怪。她能预测要流行什么，很适宜地改变产品结构。因此风格不停地在变。

史晓燕说，现在有很多竞争对手也跟她当年一样，假装是顾客，然后到“伊力诺依”量家具、仿家具。因为从小在体校的经历，史晓燕喜欢强势的作为，硬碰硬地与对手对抗，但这却带给了员工压力，员工们为此也有委屈和抱怨。对此，史晓燕解释说：“我经常对员工说不要受我情绪的影响，不要介意今天我是哭着来的，还是笑着来的。企业发展太快，感觉控制不了的话，我就特别情绪化。现在发疯的机会少了，但是我的嗓子也喊哑了。我觉得他们比较怕我，这一点我不是很成功。作为上层，确实不能让员工感觉什么都不敢说，都说你爱听的，有什么用?”

叶明钦辞去了外企的工作，给学历、经历都不如自己的太太打工。为此，叶明钦说：“我们俩的结合是‘狼狈为奸’，她是‘狼’，我是‘狈’。我是修铁路的，她是火车头，她带着企业向前奔。”

如今，“伊力诺依”集团不仅做家具、汽车、酒店，还做起了服装，旗下有七八个子公司。而史晓燕就是这个集团的董事长，连丈夫也成了手下。夫妻俩谈话时，史晓燕对此笑称：“我喜欢别人称我史小姐，这样特别职业。”

21. 吴柏林：大学生开养鸡场，创富一千万元

吴柏林，宜宾农学院农业工程系 97 届毕业生，他的创业项目是养鸡，共创造财富一千万元。

2001 年，旺苍县开始实施退耕还林工程，要在山上大量种植树木。大学毕业后，吴柏林回到了老家九龙乡，看到这种情形，他觉得赚钱的机会来了。

他在自家田里投入 2 万多元栽种了 3 亩（1 亩=666.67 平方米）速生杨树苗。但当地的规定是要种植经济型果树，因此他种的杨树苗一棵都没卖出去，最后当柴火烧了。

3 亩长势良好的速生杨树苗一下子没了，吴柏林集聚了一年的盼头全没了。但 2 万多元的损失却教他懂得了一个道理。

吴柏林说：“我觉得不管做什么事情，市场是关键，没有市场，肯定是做不好的。因此在后来我做每一件事情时，首先考虑

的便是市场。"

而在这个时候，吴柏林之前养的500只鸡，用三个月就赚了7500多元。虽然钱不多，但是却让他看到了新的希望。

吴柏林说："我们那里的养殖业不发达。如果我能利用好我所学的专业知识，那我在这里定能如鱼得水。"

说干就干，吴柏林很快地就扩大了养殖规模，养了上万只鸡，并把鸡批发给市场上的一些经销商去卖。吴柏林发现，经销商批发来的鸡很快就卖完了。他觉得市场空间肯定很大。此时，乡里的很多农户都纷纷找上门，说要跟着他一起养鸡赚大钱。

吴柏林说："那时我想，假如他们也大量养殖，那我以后做这方面的生意肯定能赚钱。我胆子挺大的，于是就对他们说，成，你们养，我就给你们卖。"

2002年年底，吴柏林已经带动了50多家农户养起鸡来，年出栏量达到了10万多只，但新问题来了。鸡出栏量突然大增，导致乡里的畜禽市场无法消化。

于是，吴柏林就去旺苍县城附近的几个畜禽市场寻找销售点。他对经销商许下一个出人意料的承诺——谁来拉鸡谁定价。

吴柏林说："第一次我不会跟你讲价，你觉得是什么价，我就给你什么价，但只是这次而已，下次就不可以了。"

很多人都猜不透吴柏林到底在玩什么把戏。

吴柏林说："我看到身边来拉鸡的小贩以前都是用自行车，有些也用摩托车，但一般一次也拉不了几只。我就想啊，你一次就拉二三十只鸡，我就吃点亏，这没什么关系，反正你要是觉得我这里的鸡不错，下次你就肯定还会来。"

吴柏林的承诺，给他带来了很多的经销商。虽然有些人给的价格有点低，但与市场上的批发价相比也差不了多少。然而有一天，一个叫赵元举的鸡贩子给了他一个非常低的价钱。

赵元举说：“反正谁都是想多赚点钱，我们就说 2 元钱 1 斤，你卖还是不卖?”

吴柏林说：“那没问题，任挑任选。”

赵元举说：“那时的批发价应该是 4 块到 4 块 2 毛一斤，可没想到他 2 元 1 斤就卖给我了。”

几天后，赵元举再次来到吴柏林的养鸡场，这次他不单单买鸡，还带来了一个附加条件。

条件是：“一定要让我补上第一次拉鸡的差价，不然我不要你的鸡了。”

赵元举说：“人家那么耿直，拿人家的鸡只给 2 块钱一斤，连成本都不够，确实应该是要给他补上的，也不能让人家白干活嘛。”

此后，赵元举不仅和吴柏林签订了长久合作的合同，还带来了很多经销商去他那里买鸡。诚信不仅让吴柏林得到了客户的信赖，还让他渐渐地打开了市场。

吴柏林发现，市场上笼养鸡的价格要比土鸡的价格低 2 元多，不过还是土鸡好卖，但养土鸡成本高，且它的生长周期很长。于是吴柏林为了减少生长时间但又不降低鸡的质量，想到了把肉鸡和土鸡杂交的鸡苗，散放到山林里饲养。这样，三个月后鸡就可以卖了。在当地，这种鸡被称为跑山鸡。

不出所料，跑山鸡一上市就卖势良好。很多农户在吴柏林的带动下养起了跑山鸡。农户负责大量养殖，而吴柏林则负责收购和销售。

2005年年底，吴柏林在旺苍县城郊找了一个地方把养鸡场搬了过去。每天他和妻子起早贪黑地管理着养鸡场。在这里，他还通过网络销售渠道销售他的鸡。

旺苍县畜禽经销商吴桂德说："今天收了上百只鸡。一年365天，基本上天天如此。他这里的鸡品种很多，想要什么鸡就有什么鸡。"

2006年11月5日，吴柏林决定做一件想了很久但是从来没有人做过的事——给公鸡做手术，让它不能打鸣。公鸡打鸣、母鸡下蛋是理所当然的事。为什么吴柏林要逆常规而行呢？其实，他这么做的原因是来自半年前发生在他养鸡场里的一次惨痛的经历。

半年前，由于几个检查人员的突然造访，让吴柏林的养鸡场面临了破产的困境。原因出在吴柏林所养的4000对种鸡的身上。公鸡打鸣在这里不再受居民赞美，反而成了影响居民正常生活的噪音污染。

吴柏林夫妇由于整天都跟鸡打交道，因此对鸡的鸣叫和嘈杂已经"免疫"了，但却没有考虑到周围的居民。面对这突然而来的检查人员，他吴柏林夫妇不知如何是好。

吴柏林的妻子罗兴琼说："他说你们这里养的鸡是不是鸣叫，凑巧经他这样一说，那些鸡在外人进来后，再加上汽车声，全都叫起来了，说啥都没有用了，这就是证据。"

第二天，一张限期整改的通知书就到了吴柏林手中。要求他们一定要把 4000 对种鸡在一周内全部处理掉，两个月内把养鸡场搬走。这个结果令他们措手不及。

吴柏林说："我好像感觉到一下子从云端掉了下来。"

假如处理的话，也只能是把种鸡当商品鸡来卖，不管亏损多少，都要执行这个通知。

吴柏林说："晚上睡不着觉，白天又要到处联系买家，只要有人要，不管什么价格都要卖，这已经是没有办法的事了。"

罗兴琼说："到处找人买鸡时，感觉像是把自己心爱的东西使劲送给别人，那种感觉很难受，很想大哭。"

仅用三天的时间，吴柏林把养鸡场清空了。吴柏林一下子就损失 20 多万元。4 年的努力，一下子就全都打了水漂。面对如此打击，吴柏林能挺过去吗？他养鸡业的出路又会是在哪里呢？

吴柏林把养鸡场搬到县城郊区不到半年时间，就由于噪音污染，被政府下令整改。造成 20 多万元损失不说，如何才能彻底地解决由鸡鸣叫带来的噪声污染呢？

早在 2002 年左右，政府就已经规划在旺苍县的城郊山区建一个万亩果、草、畜立体生态园。但到如今牲畜养殖还没有开始发展，这对吴柏林来说，无疑是一个良机。

2006 年 8 月，吴柏林在那个宽阔的生态园里又建了一个养鸡场，这时，再也不会有噪声污染问题出现了。

吴柏林说："鸡大部分的食物来源是地面的草、虫子。当然只吃这个营养肯定跟不上，那么就要给它补充饲料以增加营养了。到底有哪些杂草、草种子、虫子是比较好的呢？需要量是多少呢？它大概还要补充哪些比较有营养的饲料呢？我们就做了大量研究，根据它的需要来配置这个饲料。”

虽然在万亩立体生态园里养鸡能够暂时地缓解由于鸡鸣带来的噪声污染，但吴柏林还是希望找到能彻底解决这个问题的科学方法。本来吴柏林想到了一个办法的：切掉公鸡的鸣管，但是在手术过程中却发现，鸣管是气管的一部分，切除了，鸡就会死掉。就这样，吴柏林酝酿很久的手术就以失败告终了。

吴柏林说：“我会一直坚持这一点，即我只赚我应该赚的70%，剩下的30%我会让利给对方。假如我第一次就赚了100%，第二次有可能还会赚100%，但也有可能什么都赚不到。实际上，这70%对于我来说，已经是我追求的最大利润了。”

22. 赵宇：毕业后，在母校复旦门口卖盒饭

每日饭点儿时间，在复旦东门都可以看到这样的情景：一辆黑色 SUV 车旁站着一位身高差不多 1.9 米、学生模样的年轻男子，一群学生围着他要买盒饭。“我要一盒香菇鸡肉饭！”“给我五盒牛肉饭”……也有一些相熟的学生上前亲昵地叫道：“赵宇哥，给我也来一盒！”年轻男子听后立马转到车子的另一旁，从里面拿出一盒饭递过去，边搂住学生的肩边低声道：“小弟，这专门给你留的，里面有双份回锅肉啊！”那学生会意地笑笑：“明天，我叫我朋友全都过来。”

那年轻男子叫赵宇，是复旦新闻系 04 级的本科毕业生。祖籍沈阳，14 岁时被教练选中，随后来到上海少体校练田径。3 年后成为国家一级运动员，并在次年 9 月，被复旦新闻系录取。现在，已经开了两家饭店做了老板。但每天中午，他仍旧还去复旦

东门卖盒饭。

赵宇小时候家境不错，但由于一场意外致使家庭陷入困境，让年少的他第一次尝到了困苦的滋味。因此在他读大学期间，除学习外就是打工，成了打工狂人。曾经在麦当劳扫过厕所、做过游泳教练、兼职模特、实习摄影记者、婚庆摄影、卖过盒饭——对于这些，可能很多人都会觉得很累，但对于赵宇来说，他在这一步步的实践中找到了未来的方向。

最早做盒饭生意是在大学二年级。“我记得最清楚的是，那时第一次做了 20 盒盒饭，可一个中午卖不出 5 盒，我就一间间宿舍去卖。渐渐地生意稳定下来了，一个中午大概能卖出去100盒，净赚 250 元。假如我晚上也卖得出去的话，那一个月下来我至少可以挣到上万元。”

大三下学期，赵宇在一家公司找到了一份兼职。他想了解公司其他员工的一些工资情况，就问了一下，“1800 元”、“2800 元”……得到这些答案后，赵宇就想，“我还要不要继续找工作? 现在我光是卖盒饭，收入就比他们的工资要高好几倍”。

“年轻就是资本，我为什么不拼一拼呢?”作出决定后，赵宇就全身心地投入到打工中去。“我做游泳教练的时候，认识了不少成功人士，他们给我讲了很多关于他们的发迹史，让我深受启发。”“在做婚庆摄影时认识了许挺，后来我们成为好朋友，就是因为他的帮助，我才有了创业资金。”——对于赵宇来说，他那时所做的每一份工作，都给他未来的创业奠定了基础。

大四时，赵宇有一位经营饭店的朋友由于经营不善要把店铺盘出去。“他开业不到半年，就亏损 20 多万元。我当时就想，假如是我来做的话，一定不会是这种情况。我以前卖过盒饭，有经验，但目前没有资金。”赵宇说，机会出现了，就一定要把握。因此他详细地写了一份关于饭店经营计划书，内容主要包括饭店的盈利点在哪里、经营特色是什么、成本要多少等情况。写好后，就拿着这份计划书去找人借钱。由于过去打工时良好的表现，让认识赵宇的人都对他有不错的印象，不久后，就从“任哥”、“许哥”那里借到了开启他事业的第一笔钱。

赵宇对于自己的选择感到很自豪，毕竟是一个未正式步入社会的学生，却能借到那么多钱去开 200 多平方米、带 3 个包房的饭店。

饭店的生意渐渐地稳定了下来，3 个月后，赵宇就计划着想把生意做大。不久后，在校门口摆摊卖盒饭成为赵宇的首选。

赵宇父母也曾经对他的选择持反对态度。读了四年大学，做父母的总是希望自己的孩子能找到一份稳定的工作，月薪三五千，过得幸福就可以了。“我就给他们算了一笔账：假如我选一个偏远的、便宜的房子住，房租一个月也要 1500 元。再加上交通、水、电费 500 元，吃饭最便宜一份 10 元，一个月也要上千元，还有烟、酒、电话费等 500 元，加起来一个月 4000 元都不够花。如果我自己卖盒饭、做游泳教练之类的兼职等，一个月至少也能有上万元收入，差不多都能跟主管的级别收入一样了。”赵宇还说，“更为重要的是，时间可以由我自由安排。”

“我一直都知道，亲朋好友的意见可供参考，而路还是要靠自己走的。”赵宇说。

毕业不到半年，赵宇的生意已经上正轨了。但他又有了新的决定，“等饭店的生意做好了，我就找个公司上班去。”别人就质疑，问：“想要做白领?”赵宇解释说：“是呀，想去学习公司的一些经营之道。我的目标不仅仅是做好盒饭生意，还要拥有属于自己的公司。那么，掌握管理经验是必不可少的，但前提是我的饭店要经营得很好。因为只有这样，我才会有资金保障，即使每个月在公司上班的薪水只有3千块，我也会选择去做。因为我的目的不是为了那点钱，而是用钱也买不到的经验。经验就是世界上最为宝贵的财富。”

赵宇在遥远的未来还有更大的理想。“40岁之前，我希望能够在大连、海南这两个地方各拥有属于自己的一幢酒店式公寓。”

过去，复旦的学弟学妹们对赵宇的选择议论纷纷。有些人羡慕、妒忌，有些人鄙视，但随着时间的流逝终归平淡，因为每个人都有选择自己人生要走的路的权利。熊哲炎，一位来自上海商学院的大一新生，把赵宇当成了偶像，决心追随他的足迹。

有一天中午，熊哲炎开车来到了赵宇的饭店。他一边吃饭，一边暗中看赵宇和表弟准备盒饭的过程。11点30分，赵宇出门了，熊哲炎尾随其后。5分钟后，复旦东门接连出现了两辆车子，一辆是卖盒饭的，另一辆则是卖女生们都喜欢的卡通毯。与赵宇的专注相比，熊哲炎看上去就有点显得心不在焉了，因为他大部分时间都是在观察赵宇。

“平日有时间，我也会做点小生意。但在面子上我还是觉得有点不好意思。因此，当听到说复旦的一个本科毕业生都在门口卖盒饭，我备受鼓舞，就特意前来向他学习经验。”熊哲炎还说，

“我觉得他的这种自主创业的精神非常值得我们学习！特别是目前很多人都把面子摆在首位，其实自己踏踏实实干点实事才是最重要的。”

不得不承认，与那些仍然在求职路上四处奔波的大学生们比起来，赵宇的确是在事业上小有成就了。也许一个名牌大学毕业的本科生卖盒饭的表象会令人大跌眼镜，但在这表象之下有更深的体现，如踏实、勇气等品质确实是非常值得人们去学习的。

而赵宇的勇气，并不是只凭一时的想法和情绪办事。他只选择自己有经验、有把握的项目去投资、会对自己未来的发展投资回报作预期、会用竞争的眼光去分析自己所从事的行业——这所有的一切，都可以在很多创业成功人士身上找得到。因此，只要努力就能成功，在这个社会上会找到更多的赵宇。

23. 傅然：从"投诉网"到"学生网"的成功

在很多人眼中，十六七岁的青年人年轻气盛，他们有高远的志向，他们有远大的梦想，但大多数青年却只停留在想想、看看、说说上，久而久之，愿意相信青年能凭借双手创造事业的人越来越少。

2006 年，出生于安徽黄山的傅然放弃了自己的学业，毅然决然地走上了自主创业的道路，傅然说："上大学不是唯一的出路，我要退学创业，先人一步实现梦想。"

傅然是个不服管束的孩子，一直以来他都不乐意学习死板的课本知识，因此他的学习成绩一直在班级里处于中游。随着网络走进普通人的家庭，充满趣味和挑战的网络深深吸引了 7 岁的小傅然。傅然的父母原本打算禁止孩子上网，却发现自家孩子在计算机方面有着惊人的天赋，小小年纪就已经开始学习网页制作。

为了让傅然的天赋得到更好的发挥，父母不仅没有禁止傅然上网，反而支持起傅然的“工作”。在家人的支持下，傅然全心全意地制作网页。功夫不负有心人，诸如“就是黄山”、“瞬间陶醉”等备受网民追捧的网站就出自傅然之手。

结束高一年级的学习后，傅然发现大多数同龄人都处在高考的压力下，从小就有心做一件大事的傅然决定，与其按部就班地成为一个普通大学生，不如提前结束学业，为自己的梦想搏一把。

年轻气盛的傅然突然发现自己一直没有考虑过如何创业，直到有一天傅然陪父亲逛街，忘记随身带手机的父亲用街边的报亭给家里打电话，一番唠叨后父亲放下了公用电话，一向为人随和的父亲却和摊主争吵起来，原来电话计费表上显示的金额是两毛钱，而摊主却不依不饶地要收取 5 角钱使用费。

明白事情原委后，傅然并没有贸然地加入到两人的争吵之中，而是在思考建立一个公益性质的投诉网站是否可行。在他的构想中，很多消费者会在消费过程中遇到这样或者那样的问题，但是大多数人都因为投诉无门而默默忍受，一个不受限制的投诉网站应该能吸引不少人的关注。

傅然决定退学的想法受到了家中大部分长辈的极力反对，唯有身为中学教师的父亲愿意出资 3 万元帮助傅然创业。

在父亲的帮助下，傅然采购了一批必备的设备，之后他全心全意地投入到网站的建设工作中。“复燃”，这是傅然网站的中文域名，傅然说：“我要用这个具有顽强生命力的名字激励自己，永不言败。”

两个月的时间，废寝忘食的傅然不仅完成了网站内容模块的策划，还开发出了网站必备的程序，至此，“复燃投诉网”也已具雏形。

真实的数据给信心满满的傅然带来了巨大的打击，寥寥无几的访客让傅然意识到自己把创业想得太简单了，向父亲请教之后，傅然设计了一份调查问卷，并在自家小区里进行调查。通过调查，傅然发现大多数年轻消费者并没有多少投诉意识，而热衷投诉的消费者却因为年龄的关系并不能娴熟地使用计算机和上网。

得知“复燃投诉网”的可怜数据后，傅然的诸多亲戚朋友纷纷劝说傅然，然而胸怀大志的傅然并没有选择重新回到学校，他知道，网络初入普通人的生活，在这样的背景下投诉网并不能得到很好的发展，因此他开始寻找新的创业机会。

吸取第一次创业失败的教训后，傅然花费大量时间了解市场，大把的时间终于换来了新的机会。傅然发现大多数学生都将上网当作一种娱乐，这让傅然生出了制作学生网的心思。他说干就干，在得到父亲的认可后，傅然下定决心要将投诉网改造成学生网。

有了创办网站的经验后，傅然仅仅花费了几个星期的时间就将投诉网成功改成了学生网。皇天不负有心人，短短半个月时间，“复燃学生网”就有超过 40 位的用户，甚至还销售出了一块价值 10 元的广告位。

天上是不会掉馅饼的，傅然明白“守株待兔”是行不通的，于是他决定以“复燃学生网”的名义在黄山市举办一场电子竞技比赛。他想，这样一场比赛不仅能赚取一定的资金用以发展网站，还能在很大程度上扩大网站的知名度。经过一番准备，傅然在黄山市各大网吧贴出了有关电子竞技大赛的广告。

与此同时，傅然奔波在市区的高楼大厦间，他希望能为自己的网站找到合适的赞助商。一番波折后，傅然用自己的策划书和企划案成功说服了一家游戏软件开发公司，拉到赞助后，傅然又马不停蹄地开始寻找决赛场地。在他坚持不懈的努力下，终于争取到了黄山市最大的网吧为这次比赛提供场地。

在赞助商、网吧、傅然三方面的合作下，这场比赛成功举办，通过初赛，200 多名选手中有 60 多人进入决赛，“复燃学生网”也因此在黄山市打出了名气。

第一届电子竞技大赛的成功举办让傅然看到了希望，在 2007 年 8 月，傅然来到了上海，打算在这个东方大都市开办第二届电子竞技大赛。

一天夜里，傅然独自一人从麦当劳出来，他完全没有想到在现实中会碰到电视剧中的桥段：两名男子拦住了傅然，胁迫他交出身上的钱物。从小不服管束的傅然怎么会轻易地屈服？这场闹剧的结果可想而知，勇敢的傅然不仅没有交出钱财反而大胆出手将一名“坏人”打伤。这一幕让路过麦当劳的一名港商目睹，因此他主动地和傅然攀谈起来，闲聊中这位港商得知傅然的创业经历，正打算经营视频学习网站的港商向傅然抛出了橄榄枝。

网站越办越好，但傅然的心中却生出了一种失落感。高中辍学的傅然开始憧憬起美好的大学生活，在经过一番思想斗争后，傅然下定决心考大学。仅仅上到高一的傅然想切身经历一番高考的压力，弥补自己的遗憾，用他的话说："能不能考上并不重要，重要的是这个过程！"

不甘心小打小闹的傅然有心创办一家属于自己的公司，他说："我有满腔热血和干劲，不会觉得苦和累。我要拥有属于自己的财富和快乐生活！"也许，这就是他区别于普通学生的地方，也许，这就是他成功自主创业的原因所在。

24. 刘海川：创造“对牛弹琴”的致富奇迹

刘海川出生于辽宁省葫芦岛市，从小酷爱音乐的他尝试过多种乐器。1998年，刘海川从中央音乐学院毕业，多年的音乐熏陶和刻苦的学习让刘海川毕业后顺利地找到了工作。在北京一家大型钢琴城做钢琴教师的刘海川月收入超过1万元，在很多人眼中，刘海川无疑是个成功的人，但在刘海川自己眼中，他离成功二字还十分遥远。

刘海川说：“我从小就梦想着有自己一份产业，很简单，无论这个产业是大还是小，那都是我自己的产业。”朝九晚五的生活让刘海川越发地渴望创造一份属于他自己的事业。2005年，一个有关养牛的电视专题片给了刘海川很大的灵感，原来在传统的养牛项目外还可以利用牛粪种植双孢菇，达到资源利用的最大化。

有心创业的刘海川立马开始研究起这个项目，他说："因为在我的概念里，牛粪就是废物，它不能产生价值，那为什么人家那一头牛，一年的牛粪可以产生2300到2500元的利润。"这样惊人的利润让刘海川看到了希望。从那时起，刘海川在日常工作之余开始留心起有关牛粪利用方面的事情。

刘海川的妻子付娟出生于吉林梅河口，知道妻子的老家是全国秸秆养殖示范县的消息后，刘海川有了回梅河口养牛的打算。2006年5月，刘海川正式向妻子"摊牌"，这让一直以为丈夫是在开玩笑的付娟大感意外。

"因为我觉得到北京是我的一个梦想，我已经实现了。在那儿过得那么稳定，那么安逸，我觉得很好。尤其一说是要回来养牛，就特别接受不了。"付娟说。一边是繁华的大都市，一边是冷清的县城，巨大的反差让已经在北京拥有一份不错工作的付娟十分不解丈夫的行为。在劝说无果的情形下，不忍心与刘海川分开的付娟毅然决然地放弃了北京的一切，跟随丈夫回到了梅河口。

生活了9年的北京逐渐消失在地平线上，前方是一切未知的梅河口。放弃稳定的工作后，在梅河口就要靠养牛来养家糊口，刘海川夫妻两人记得很清楚，那一天是2007年3月17日。

有一定经验的刘海川回到梅河口的第一件事情就是调查当地的市场行情。为此他特地到当地畜牧局走访了一圈，这看似寻常的举动却给刘海川带来了巨大的帮助。

刘海川说："到了畜牧局以后，比较茫然。不知道找谁呀，这时候那边出来一个老同志比较和蔼。看我在那儿东张西望的，

25. 高军：“送菜上门”服务铸就出来的大富翁

高军出身贫寒，所谓穷人的孩子早当家，早在 1988 年，高军还在读高三的时候，他就在学校附近开了家商店，利用上学的空当赚钱来减轻父母的负担。当年年底，高军将商店交给弟弟，孤身一人去了深圳，当时高军的身上只有 1000 元。

当年的深圳可谓遍地都是黄金，可是高军一没学历二没专长，别说赚到黄金，连个普通的工作都找不着。工作找不着，身上钱也不多，高军只能尽量省着花，他住在廉价的小店里，每天以方便面度日，可身上的钱还是渐渐见底了。就在山穷水尽的时候，高军终于在白石洲的一家工厂找到了工作。虽然每月工资只有 400 元，但好歹有了个安身的地方。

高军不甘心当一辈子工人，想利用闲暇时间学一技之长，所以，把身上所有的钱都拿出来报了计算机培训班。俗话说，人一倒霉，喝凉水都塞牙缝。谁承想这个培训班就是个骗局，才上了一星期的课，老板就卷了学费溜了。

这样一来，不但计算机没学成，高军更是穷得连饭都吃不上了。好在同宿舍的工友都很热心，大家想了个不怎么高明的办法。后来，他们去食堂吃饭时，都用能找到的最大的碗装上满满一碗饭，多装的部分就分给高军，这才解决了高军的吃饭问题。

为了省钱，高军的生活节省到极点，春节都不打算回家。可他最终还是熬不过对家人的挂念，登上了回家乡的火车。为了省钱，高军只买了张短途票。

经历春运的种种艰辛之后，高军总算是回到了家乡。屋漏偏逢连天雨，回到家乡的高军非但没得到安慰和鼓励，反而因为落魄失意，遭受到朋友们的嘲笑。面对他人的笑话，高军恼羞成怒，他发誓再也不去深圳了，那真是个“鬼”地方！

春节过后，家乡的年轻人都纷纷南下打工，高军没有跟着他们而是留在了家乡。但高军内心并不平静，夜深人静的时候，他总是回想起在深圳生活的情形，回想起遍地的高楼大厦、川流不息的高档轿车以及满大街的红男绿女。高军坐不住了，他不甘心，别人能做到的事，凭什么我高军做不到?

第二次前往深圳，高军虽然还是一无所有，但已经有了不少闯荡的经验。虽然如此，他找工作还是四处碰壁，工作机会虽多，但大多要求学历和经历，而这两样高军都没有。在某次奔波于人才市场无果后，高军偶然听到周围求职的人在交谈。其中一人提到他现在住的地方很便宜也很便利，很适合求职的人住。这段对话激起高军的想法，他想道：现在求职的人这么多，低价的租房必定很有市场！

高军立刻行动起来，考虑到房子是要租给求职人的，所以高军在人才市场附近找了套房，然后又淘了些二手的桌椅和床。将一切准备就绪之后，高军就将出租的广告张贴到了人才市场附近，因为价格低廉，当晚就有十几个床位租了出去。首战告捷，高军的激情更高了。他又找了套房子，依葫芦画瓢开始了第二笔租房生意。这次的生意也十分顺利，铺位陆续找到了租客。就这样，两处出租房的租金给高军带来一笔不菲的收入。

尝到甜头后，高军心里有了另外的盘算，他觉得深圳外来求职的人众多，对租房的需求非常大，房屋中介的生意肯定很有发展潜力。于是，他应聘到一家房屋中介公司，做了最底层的业务员。这个职位没有底薪，所有的收入来自收取的中介费用。当上中介的高军工作很卖力，带着客户行走于深圳的大街小巷，鞋子都穿坏很多双，脚底也磨出了老茧。功夫不负苦心人，高军的辛劳没有白费，两年的时间，他存下了三十多万元的存款，这笔钱成了他后来事业的启动资金。

虽然经济条件有了较大改善，但高军还是不满足，一直在琢磨新的赚钱法子。1995 年的夏天，一个偶然的机会，高军看到了一张广告单，这张单子上印着一家送菜公司的广告。高军看着单子，心里活泛起来：深圳的生活节奏快，很多人忙于工作，根本没有时间来采购蔬菜，这种送菜的服务应该是很有市场需求的。

有了想法后，高军又找到一个老乡了解情况。这个老乡是做蔬菜批发的，在这方面很有经验。从老乡处了解到的情况更加坚定了高军的决心，当年10月，高军就成立了自己的公司——深圳市望家欢蔬菜配送有限公司。高军将他的全部积蓄和心力都投入到这份事业当中，凡事亲力亲为，亲自带着员工去街上和高级住宅区分发宣传单。

高军的宣传没有白费，不少客户在公司下了订单，公司营业开始启动了。高军深知做服务业，态度是至关重要的。所以他的公司承诺：每天上午10点，都准时将客户需求的菜等物资送到指定地点。为了信守承诺，高军和员工们起早贪黑地工作着。高军虽是老板，却比员工更辛苦，除了送菜外，他还需要外出采购、处理账目以及解决客户投诉，这些工作让他几乎没有休息的时间。

万事开头难，高军的生意一直不愠不火。几个月的经营，非但没有什么结余，前期投入的钱也快见底了。有一天，高军连第二天进菜的钱都拿不出了，无奈之下，他只好向老家的弟弟求援。好在弟弟筹集了钱，并连夜坐飞机赶到深圳，这才解了他的燃眉之急。

对做生意而言，流动资金往往是个大问题，高军也遇到了这个拦路虎。有一天，高军在街上边散步边为资金发愁时，突然看到一位老人摔倒在地。他连忙上前扶起老人并送老人回了家。这只是个小插曲，高军并没有将其放在心上。谁料，第二天好事就落到了他头上，他的公司突然接到一笔大生意。这笔生意的主顾是深圳一家大公司，该公司的后勤主管亲自打来电话，他告诉高军，这笔生意是他们公司副总亲自安排的。高军后来才了解到，原来他那天扶起的老人正是这家公司副总的父亲。高军万万没想到，他的一时善举，竟给他的生意带来了转机。

生意稳定之后，通过不断向同行请教以及阅读相关书籍，高军调整了经营思路，将公司的服务对象从家庭转向大公司、大单位等需求量大而稳定的客户。后来的发展也证明了高军这一思路是正确的。

高军觉得做生意最重要的是要讲信用，所以他在生意中一直诚信待人。有一次，有一家公司忘记预订生葱了，再打电话过来要求加上时，送菜车已经开走了。高军马上安排员工乘出租车把生葱送到了对方公司。生葱的利润才一元多，而这趟乘出租车送货却花了 60 元，纯粹是笔赔钱的买卖。但正是这种诚信的作风让许多大公司、大单位都成了他的长期客户，也使他的生意越做越大。

26. 周宝贤：中药喂养特色鸡，价格翻几倍的创业路

周宝贤是浙江省临安市人，原本在一个小镇的镇政府食堂里做饭。为了增加收入，他还在镇上开了家小酒店，但生意一直没什么起色。周宝贤一直在心里头考虑，怎么样才能把酒店的生意做起来呢？2002 年的某天，周宝贤心里头突然起了个念头。他当时完全没意料到，正是靠着这个念头，他成了远近闻名的成功人士。

2007 年元宵节这天，蔡山河一大早就赶到了周宝贤的养鸡场，让周宝贤给他准备一批毛色漂亮外观出众的母鸡，蔡山河说："把这种鸡当作奖品。"

蔡山河是杭州青山湖度假酒店的董事长，也是周宝贤的老主顾。周宝贤自然热情招待，马上前往竹林准备抓鸡。周宝贤的鸡与别家养的鸡不同，都是养在茂盛的竹林里，野性十足，周宝贤

费了九牛二虎之力才抓到足数的鸡。

当天晚上，蔡山河就把这些鸡当作晚会的奖品，给了到场的客人一个不小的惊喜。一只鸡怎么上得了台面、当作奖品呢？周宝贤喂养的鸡可不普通。在蔡山河的酒店里，这样的鸡，每只只能做成两份菜，每份菜的价格高达 108 元。也就是说，周宝贤养的鸡在酒店里能卖出每只 216 元的高价。

在临安市，一只鸡的售价绝对不超过每千克 30 元的价格，周宝贤的鸡的售价怎么如此高呢？这一切还要从 5 年前说起。

2002 年的时候，周宝贤还在镇上开着酒店。正是因为这段经历让他注意到，土鸡在市场上是稀缺货，每千克售价超过30元，而且还供不应求。周宝贤还打听到，用中药材喂养出来的鸡更受欢迎，售价也更高。周宝贤动了心思，为什么不自己搞中药鸡喂养呢？这样一来，自家酒店就不愁没有特色菜了。

说干就干，2003 年周宝贤出资建了个养鸡场，并请当过乡村中医医生的父亲过来帮忙，想养出喂养中药长大的特色鸡。就这样，周家两父子赶鸭子上架走上了喂养中药鸡的道路。创业之初总是困难重重的，他们不懂怎么做防疫工作，至于中药喂养就更是抓瞎了，周父虽然懂中医，可是给鸡喂中药，也是新娘子上轿头一回，两人只能边试边学。喂养禽类本来就是个技术活，两个外行来干这活，结果当然可想而知了，周宝贤当初购进的一千只鸡，最后死得七零八落。

周宝贤不甘心放弃，还是把死里逃生的鸡喂养了下来。随后他们又喂养了好几批鸡，虽然效果仍不好，但积累了不少经验。他们不断总结失败的教训，最后得出结论：鸡在不同的生长期所需要的喂养配方是不同的。

在父子二人的努力下，中药鸡终于喂养成功了，周宝贤立刻在自家酒店里推出了中药鸡这道特色菜，顾客的反映果然不错。但周宝贤随后发现，酒店虽赚钱，但利润还是比不上养鸡。所以，2005 年周宝贤将白手起家的酒店生意交给了妻子，自己一心一意地做起了养鸡郎。

虽然中药鸡是研究出来了，但是周宝贤又遇到了新问题：他不懂得推销。俗话说酒香不怕巷子深，但这句俗语到了现代社会却不那么恰当了。不懂推销就没有销售，鸡场里将近一万只鸡都困在了手里，周宝贤急得像热锅上的蚂蚁。好在周宝贤的脑子活，当时有一个博览会要在临安市举办，他抓住这个机会，向展览会免费提供了几十只中药鸡，而蔡山河正是在这次博览会上吃到了这种特色鸡。

蔡山河慧眼识珠，当场找到了周宝贤，提出要购买他的中药鸡。周宝贤正愁鸡没销路呢，便以便宜的价格将鸡卖给了蔡山河。周宝贤此举看似吃亏，实际上他心里打着小九九。他知道蔡山河的酒店档次高，消费水平也高，卖给蔡山河等于是给自己打了个免费的广告。

2005 年，全国爆发“禽流感”，整个浙江省的禽蛋市场都受到影响，养殖业非常不景气。周宝贤喂养的鸡几乎全积压在手里了，更要命的是，他的资金链也出了问题，他所有积蓄都砸在了鸡场，还借了二十多万元的外债。这年春节，周宝贤过得相当憋屈，要账的全找上门来了，不得已之下，只得悄悄地拿酒店的钱来填补养鸡场的资金缺口。

然而，天无绝人之路。这时候，一个人帮了周宝贤一把，这个人就是陈泉富。陈泉富在蔡山河的酒店当厨师长，刚好他有个开酒店的朋友正在找寻特色菜，陈泉富就把中药鸡推荐给了这位朋友。

经过与对方协商，这笔生意最终谈成了。按照约定，这个酒店每月都从周宝贤的鸡场里购买一批中药鸡。这笔生意不仅挽救了周宝贤的生意，也让养鸡扬的生意逐渐稳定下来了。这时候的周宝贤打起了另外的算盘，他觉得给蔡山河供货的价格太低了，想停掉和蔡山河的生意。所以，蔡山河的人找到周宝贤商量继续合作的事宜时，周宝贤就提出了涨价的要求。

一开始，作为周宝贤的老主顾并且是第一个主顾，蔡山河觉得周宝贤这么做非常不地道，不能够接受涨价这事。蔡山河虽然不高兴，但毕竟是生意人，还是要以生意为重。他方方面面一考虑，觉得如果不接受这价格，酒店的特色菜必然要停掉，这样下去生意肯定要受影响。蔡山河最后同意了周宝贤的提价要求。

这次涨价事件不仅给周宝贤带来一笔不小的收入，更说明了周宝贤的中药鸡经受住了考验，在市场上站稳了脚跟。但周宝贤并没有停止对质量的追求。因为有客户反应，中药鸡的鸡臀部不长毛，外观不够漂亮。他特意请了临安市农业局畜牧兽医站的专家来进行指导。专家说："我们建议他也不要以单一的饲料为主，可以吃一些配合饲料，以保持鸡的营养全面，减少这种啄毛的现象。"

周宝贤根据专家的建议，在鸡食里添加了配合饲料。这一措施果然非常给力，鸡的外形越来越漂亮，成了很多人用来送礼的选择。这也使得周宝贤的生意规模进一步扩大，2007 年开春的时候，周宝贤的鸡场一个月的销售量就超过了 40 万只。

27. 赵云：老教授卖泡菜，两年赚 400 万元

泡菜是一种人们喜欢的美食，其风味也因地区的不同而有差异。

韩国泡菜是一种风靡全球的食物，具有清脆爽口的特点。它可以提供人体所需要的营养，还是一种保健食品。泡菜是韩国烹调文化的代表，韩国制作泡菜的历史非常悠久。

中国泡菜大多是放在装有花椒盐水的罐子里面浸泡的，里面没有加入太多调味品，其口味特别纯正。同时还可以根据自己的喜好，在里面加入各种佐料，因此与韩国泡菜相比，中国泡菜更具想像空间，制作工序也更加简单。

然而，在国际上，中国泡菜的地位却远远比不上韩国泡菜。如今只要有人提起“泡菜”二字，人们就会自然而然地想到韩国。对于这一情况，下海经营泡菜生意的老教授赵云就特别不认

同，他甚至想让重庆泡菜在国际上的地位超过韩国泡菜。

根据重庆著名食品研究员傅承德的介绍，早在1700多年前，四川地区就已经有土陶坛子了，它们的结构跟现在的泡菜坛子特别相似，所以有些学者就推测：早在汉代的时候，泡菜就在我国四川地区出现了。

经过多年的发展，葱头、南瓜、辣椒等都成为泡菜的原料。现在，差不多40%的川菜在调味时都需要加入泡菜，比方说“酸菜鱼”等。

赵云的母校是北京师范大学，后来他又在天津商学院担任历史老师。“我大学时学的是明清史，同时我还比较喜欢诗词歌赋。”赵云说。

可是就是这位文科教授，成为20世纪80年代初中国最早的弄潮儿。“那个时候之所以下海经商是因为缺钱，家里两个孩子，负担太重了。”赵云说道。当时为了多挣一些钱，就只能多改一些卷子，多去夜校上些课。“可是改一份卷子的收益却只有5分钱”。于是赵云就在1983年10月份下海经商了。

这一年年底，赵云受到了美国3H公司的聘任，主要管理生丝出口的生意，月薪为3000元。“我精通中文，可是对于经济却是一窍不通，因此在签合同的时候被坑过几次，最多的那次还被别人骗走了40万元。”

1985年，也就是赵云从商两年以后，他便开始在祖国西部地区经营边贸生意了，最后他也顺理成章地成为我国最早的国际“倒爷”之一。

“最初是以物易物的方式进行贸易，一部国产收音机，其价值大概为几十元，可是在那个时候，它却可以换到苏联人的军大衣及望远镜，而这些东西在国内却能卖出 1000 元的高价。而后又将许多健美裤，磁带带到了新疆地区。一套衣服在广州进货的时候也就 30 元，可是它在边境上却可以卖到 400 元；而一盒磁带在内地的进价也就 1.6 元，可是在新疆却可以卖到 5 元。”

1989 年，鉴于中国政府对边境贸易加强管理，赵云慢慢转向了云南矿石贸易的经营，并于 1991 年转行做了灯具生意，且在 3 年的时间里狂赚 300 万元。

1995 年，赵云开始在南坪工贸发展自己的生意，可是最后却没有取得任何成效。

赵云之所以想做泡菜生意，最初是因为自己儿子所开的一家餐厅。1999 年，也就是邮亭鲫鱼最畅销的时候，用来做酸菜鱼原料的酸菜价格猛涨到了 7 元，而其成本却不到 1 元，这就使得父子二人萌生了做泡菜生意的念头。

赵云父子二人在通过对重庆主城区数百家饭店进行调查之后发现：通常日营业额在 2000 元左右的饭店，每天要消耗的泡菜为 2 千克，然而饭店所使用的泡菜中，企业自己生产的泡菜年产量大概为 5 万吨，其余不足的便从市场上购买。此外，重庆市内有专门制作泡菜的作坊 500 余家，其年产量大概为 5 万吨。如果按照主城区 4 万余家餐饮企业每年消耗泡菜大概为 20 万吨来计算，那么重庆市场上对于泡菜的缺口就达到了 10 万吨，而对于这一缺口的填补，主要来自于四川新繁、彭州等地的供货。

赵云想要转行做泡菜生意的想法很快得到了全家人的赞同。与此同时，他这一想法还得到了已经移居国外的退休教授伍承德及具有“西南第一泡”美誉的著名食品研究员傅承德的认可，此二人还决定加盟赵云的泡菜生意。

鉴于泡菜的需求量巨大，且市场上的泡菜质量也参差不齐，傅承德教授便从专业角度指出：如今市场上所出售的泡菜已经走样了。

傅承德教授表示：如今市场上所出售的许多泡菜都不是用土陶坛子这一传统制作工艺泡制成的。它们大部分是放在盆或者是池子里，用盐腌制成的。这样的泡菜就是所谓的盐渍菜。人们在食用之前必须要用水脱盐，然而这样做肯定会造成营养物质的流失。同时有些企业在制作后期甚至选择用柠檬酸来调味，这样就使得泡菜吃起来没有那么鲜了。

“传统的泡菜之所以要用土陶坛子来腌制是因为土陶坛子更有利用乳酸菌的发酵，这对于人体健康是有益的。此外，泡菜在发酵的过程中还可以产生出醇、酯等物质，这也就是泡菜吃起来更香的原因。”傅承德教授说。

2000 年，赵云父子开始了他们的泡菜生意。他们先在红岩村租了一个面积为 3000 多平方米的场地，又购进了 1000 多个制作泡菜的坛子，其泡菜的年均产量为 300 吨。令他们惊讶的是在短短两年时间里，他们就赚到了 400 万元。

在红岩村泡菜生意取得成功之后，赵云父子就决定成立工业化生产基地，目的就是要将泡菜生意做大。可是要想让这一目标得到实现，最首要的问题便是解决蔬菜生产基地位置的问题。根据相关资料显示，重庆市场上所出售的泡海椒，其原料大部分都来自贵州等地，其运费特别高。因此他们在对武隆、彭水等地进行考查之后，于 2003 年决定将其蔬菜基地建立在潼南凉风垭工业园区里。

赵云表示：潼南是重庆市唯一的一个无公害蔬菜生产基地，它很适合作为企业发展的平台。

不久，赵云父子所投资的 1300 余万元，面积为 120 亩的蔬菜基地已经具备了雏形。

按照相关专家的建议，赵云父子认为他们在潼南第一要做的就是保留传统的土陶坛子。当时 5000 个容量为 235 千克的土陶坛子已经正在生产之中。此外，价值为 570 万元的泡菜生产机械设备已经下了订单，在厂房建成以后，它们就可以进行安装调试了，一个月之后，各种类型的泡菜就会上市。根据赵云的规划，泡菜加工第一期的规模大约是年产 1 万吨左右，而其产值则可达到 6200 万元，其中包括利税 3400 万元。然而此时的订单却已经接了 4000 吨。

赵云父子表示，希望可以向政府提供属于泡菜行业的生产标准，并借此来对重庆的泡菜市场作出相关整顿。“韩国泡菜已经全世界有名了。光泡菜就可以为韩国赚到 24 亿美元的外汇。我们希望我们的重庆泡菜也可以像韩国泡菜一样走向世界。让全世界的人都知道世界上最好的泡菜来自潼南。”

虽然之前赚得比较多，可是赵云却坦然，做生意如果全部依靠自有积累肯定是不能解决投资这方面的问题的，他之所以能够成功主要是受益于政府对于农业综合开发方面所提供的资金扶持。

赵云表示：他尝尽了众多知识分子下海经商要尝到的各种滋

味，他想要把这些故事都写下来，更想把自己事业的成长史写下来。他希望人们可以明白：人世间的各种滋味就好像是泡菜一样，如果不经浸泡是不可能成就大业的。

28. 李海龙：人生如茶的连锁茶老板

接触过白族的朋友一定听说过“三道茶”这一名词，它是云南白族人民用来招待贵宾的一种传统饮茶方式，然而鸣龙茶叶公司的老总李海龙却把他自己创业的经历也总结成了三道茶：他的第一道茶味道很苦；第二道茶则在苦中带着一点儿甜，到第三道茶时才带有淡淡的味道。多年以前，李海龙只是一个身无分文的穷小子，然而现在他却是全国 70 多家连锁店的老总，更让他记忆犹新的是在 2007 年，获得了“2007 年南京优秀个体创业者”的称号。

回忆当时创业的艰辛，李海龙表示“创业初期就好比这第一道‘清苦之茶’，做任何事情都特别困难”。

“还记得十年前，是我家乡的乡亲们将我送到了村口。那时的我根本就没有多少钱，唯一拥有的就是全村茶农们对我的支持。如果当时没有乡亲们的帮助，我想我肯定是没有能力去适时地回笼资金的。茶农们以最优惠的价格给了我质量最好的茶叶，而且茶叶款的偿还期限也是最长的，有时甚至赊账卖给我。当我看到乡亲们信任的眼光时，我就下定了决心，一定要在外面干出一番大事业，这样才能对得起支持我的乡亲们。”李海龙说这些话时特别激动。

李海龙于1998年只身从家乡浙江绍兴来到了繁华的大上海，并在那一年里成立了如今全国有名的鸣龙茶叶有限公司。当时他身上带着的是乡亲们的希望，更带着本属于他的年轻朝气，他发誓一定要在大上海干出属于自己的成绩。大家都知道：大上海里许许多多的小店都在做经营全国名茶的生意，如果想在那里单搞茶叶销售这一生意的话，是很难在上海立足的。正当李海龙为这件事情十分烦恼时，同为绍兴老乡的小张出现了。

在得知小张正在搞茶叶科研项目的时候，李海龙就看到了希望。“以前有家乡茶农们的支持，如今又有了老乡对于茶叶技术上的支持，那么我何不成立一家将茶叶生产、科研开发及销售开拓为一体的综合茶叶公司呢?”想到这里，李海龙就萌生了开茶叶公司的念头。李海龙所成立的鸣龙茶叶有限公司于1999年与浙江大学茶业科技开发公司共同签署了联合开发协议，因此也就实现了科技与经济的强强联手，并在茶制品的研究发展及深加工技术方面取得了巨大成就。

“说句心里话，说起当时的决定，我现在想起来都觉得比较惊险。我是一个农村人，对于当时的我来说，我从来都没有想过可以将自己家乡的茶叶与大学高科技科研联系起来”尽管李海龙自幼就在茶场里生活，对于茶叶的认识也比较深刻，可是创业和简单的品茶根本就是两回事。想要做茶叶生意，那么不但要对茶叶有所了解，同时还要知道如何去经营。

李海龙又一次碰到了难题。“当是我比较迷茫，不知道到底是应该自己单独开一个小小的茶店呢，还是应该选择其他的方式？”由于想到自己刚刚来到这个陌生的城市，对于上海的风土人情并不是十分了解，因此李海龙最后决定与大润发、欧尚等大型的超市合作，借超市的名气来打造属于自己的品牌。

“从刚开始的时候，我就下定决心要做属于我们自己的品牌。之所以借助那些大型超市是因为我们没有属于自己的销售渠道。所以最后我们就用所有的资金在大润发超市里开了个店，随后的几家超市的连锁店就一路开了下来，最后就成就了如今的品牌”。到现在，鸣龙茶叶在全国范围内已经有了 70 多家连锁店，它们分布在全国的各个角落。

“品过茶的人都知道：第一道茶是很苦的。可是我只能学会忍耐，只有把自己慢慢地渗透到茶的苦涩里面去，这样才能尝出茶的清香，才能够体会生活的原汁原味。尽管创业的阶段特别不容易，可是它却是最让我难以忘怀的。它就像那第一道茶，那样的浓烈，也最令人回味。”李海龙意犹未尽地说道。

“在经过了许多的努力之后，之前奋斗时所种下的种子终于发芽且慢慢长大了。当看到自己付出的努力终于得到回报时，我的心中就涌起了一丝甜意，而这就好像是那第二道茶。”当问及公司的发展状况时，李海龙的嘴边洋溢着微笑。

“你们这里有没有保鲜茶？”刚进入店里的中年妇女问。“不好意思，我们出售的都是今年的新茶，没有去年的茶。”店员有礼貌地回答。

“我的连锁店通常都是只做春茶的。尽管其他的季节也有茶叶出来，可是这些季节的茶叶不但质量不好，甚至还会出现生虫的情况。如果茶叶出现了生虫现象，那么茶农们就会在茶上打农药，而这样的做法就会对茶叶的品质起到非常不利的影响。因此我们不销售其他季节的茶叶。”李海龙耐心地说着，“至于以前的陈茶，总公司会进行全部回收，再对其进行深加工。这当然就是我们的优势所在，而浙江大学的科研团队也帮助我们解决了许多技术上的难题。”

“到我们这里来买茶叶的，大部分都是回头客。如果我们想在市场上站稳脚跟，那么质量是最重要的”。为了让茶叶质量有所保障，鸣龙茶叶公司于 2002 年在浙江宁波、四明山和台州天台地区成立了七百多亩（1 亩=666.67 平方米）专门用来生产有机茶叶的生产基地，同时在杭州余杭地区成立了面积为三百多亩的科技示范园区，还在浙江兰溪地区成立了面积为五百多亩生产蒸青茶的基地。这三个基地组合起来就形成了一个以鸣龙公司为龙头，基地建设及科技开发为两翼的茶叶经营模式。当 2002 年鸣龙公司形成了属于自己的独特经营模式之后，其生产规模及产值也得到逐年提升。到现在成为拥有固定产业超过两千万元，品牌茶叶四十余种的茶叶公司。

就在 2002 年这一年里，李海龙又和金润发一起来到了江苏省会南京，并在南京成立了江苏省茶叶经营处，“开店是很容易的，可是要想经营好就比较困难了。”李海龙并没有因为之前所取得的成绩而放慢前进的步伐。大家都知道，南京是有名的文化古城，南京人对茶有着特别的喜爱。因此鸣龙茶叶在到达南京以后，不但要在店面装饰及服务质量上多下功夫，还要生产出多种适合南京风味的茶叶。

如今人们的物质生活水平有了显著提高，因此李海龙就将经营目光放到了二线城市。他说："近段时间我对马鞍山、昆山等市场进行了考察，并准备在这些地区开一个面积大约为 500 万平方米的茶叶大卖场。"如此大胆的想法是普通人不敢想象的，然而从来都没有做过大卖场经营的李海龙却有他自己的看法。"假如是在上海，那么我也许会花许多钱去作宣传。然而在昆山这样的城市，如果我的茶叶质量好且价格便宜，那么通过人际传播的力量，我的茶叶将在这个城市取得巨大成功，对于我们品牌的树立也是特别好的。

"做茶叶经营的最高境界就是以茶会友。这里所说的茶友就是要时刻保持诚信及默契。在那种简单的友谊中才能够显出第三道茶的清淡有味。"

2008 年南方许多地区都遭遇了多年不遇的雪灾，茶农损失惨重，茶叶也大大地减少了，由于各种成本的增加，茶叶的价格也就自然地上涨了许多。然而李海龙却考虑到鸣龙茶叶公司一直走的就是零售路线，面对的是老百姓，假如突然提价，那么势必会对一些老顾客的感情起到负面影响。李海龙说："因此我们决定不提价，同时还帮助某些产茶区尽快恢复运货。"

"就在"普洱茶"价格飙升时，许多大商户在进行市场策划时，就派人去云南等地区收购老茶，以控制大部分茶叶货源。接着再慢慢地向市场提供茶叶，然后又派人高价收回，通过这样几个回合，老茶的价格就被提得很高了。接着他们又会在合适的时机将老茶卖出，这样做就好像是股市里的控盘庄家一样。

“既然普洱茶价格可以被炒得那么高，其口味肯定比较独特，然而更多的却是人为因素。我做了这么多年茶生意，对于这种炒茶的行为看得比较多。可是这样的行为从本质上来说就属于一种商业行为。可能它适合于其他的行业，可是它肯定是不适宜出现在茶行业的。品茗是一件十分风雅的事情。顾客到我们这里来买茶就代表了他们对我们的信任。而对于卖茶的人来说，诚信是不可能很快建立的，它属于一种双方之间的默契及信任。”李海龙诚恳地说道。

第三道茶又可以称作“回味茶”，里面包含了各种滋味，也是淡泊人生的一种代表。可是李海龙却说自己还没有到那种大境界。然而他却希望守住为人之道中的诚信，与第三道茶一起伴随着他整个从商生涯。

29. 林爱莲：4 岁就会卖玩具赚钱帮补家计

2005 年，《福布斯》亚洲杂志公布了“东南亚 40 位富豪排行榜”，46 岁的凯发集团总裁林爱莲荣登此榜，成为首次进入该榜单的女性，也成为该榜单最年轻的上榜者。

多年前，林爱莲慧眼识珠，看准水处理行业的发展前景，并成立了凯发公司。如今，凯发集团已成为东南亚最大的水处理公司，而陈爱莲也拥有了 2.4 亿美元的身家。谁能想到，如此富有的陈爱莲曾经是个一无所有的弃婴呢？从被遗弃的孤儿，到如今身家过亿的女富豪，林爱莲的奇迹人生真是让人惊叹不已！

林爱莲的人生开始于 1961 年的马来西亚。金宝甘傍是马来西亚的一个小镇，林爱莲就出生在这里。不幸的是，她刚出生就被亲生父母遗弃，成了弃婴。被遗弃的小爱莲被一位好心的婆婆收养了下来。这位婆婆自己都过得相当困苦，还喜欢赌博，所以虽然被收养，小爱莲的童年生活还是过得非常艰辛。

穷人的孩子早当家，小爱莲从小就非常懂事，她经常跟婆婆一起上街贩卖冰棒和三明治赚钱。小学时，她还学会了制造藤器，并利用课余时间想方设法给自己赚取学费。在这样艰辛的生活条件下，小爱莲的商业天赋得到了极大的发挥。她 4 岁时就知道将大人买给她的玩具转卖给别人，并将卖来的钱交给婆婆作为家用。屋漏偏逢连天雨，喜欢赌博的婆婆为了偿还赌债，不得不卖掉她们栖身的房子。失去住所无疑地让原本就困难的生活雪上加霜。最后，小爱莲和其他被收养的孩子不得不栖身在一个小木屋里。小木屋相当破烂，一到下雨的时候，外面下大雨，屋内就下小雨。尽管生活如此清苦，小爱莲却没有因此而被磨灭掉志气，她不断告诉婆婆："将来我一定要让你住上舒适的大房子。"

林爱莲从小就聪明过人，学习成绩一直非常优异，16 岁就读于新加坡初级学院，21 岁时，又凭借出色的成绩考入新加坡国立大学。读大学期间，林爱莲一边打工给自己赚学费和生活费，一边努力学习，并最终以优异的成绩获得化学学士学位。

毕业后，林爱莲应聘成为 Glaxo（葛兰素）公司的一名化学药剂师。正是在该公司工作期间，林爱莲找到了事业发展的方向。在公司工作期间，林爱莲发现，由于化工行业的特殊性，公司产生的废水如果直接排放的话，会给环境造成极大的污染。因此，她所在的公司每年用于废水处理的费用都相当不菲。

这一发现让林爱莲看到了废水处理行业的广阔前景。于是，在 Glaxo 工作三年后，她放弃了这份优渥的工作，并卖掉手上所有的资产，成立了凯发公司。

创业之路总是异常艰辛的。刚成立的凯发公司不仅缺乏资金，连员工也少到可怜。算上林爱莲这个老板，公司一共才三个人。林爱莲凡事都亲力亲为，她时常骑着摩托车，走街串巷来推销公司的产品。公司请不起焊接工，她硬着头皮上阵。为了做好焊接工作，她还报名参加了培训班，并以优秀的成绩拿到焊工证。林爱莲到现在都以此为荣，她说："如果你去看看早期工程的话，你会发现，那些焊接活儿都是我的作品。"

公司成立之初，凯发的主要业务是代销其他品牌的水处理设备，但这完全满足不了林爱莲的雄心——她想要有自己的核心技术。林爱莲一边做着代理，一边开始利用自己的专业优势研发水处理技术。功夫不负有心人，在刻苦钻研下，林爱莲终于研发出水处理的新方法——薄膜净化法。这个方法的成功，给林爱莲公司的发展带来了强劲的动力。之后，拥有核心技术的凯发公司不断发展壮大，现今早已发展成为关系到新加坡国计民生的支柱企业之一。凯发公司在新加坡建立的海水淡化厂，每天生产淡水 13.6 万吨，能满足新加坡一成的淡水需求量。林爱莲非常注重公司的研发能力，她每年投入研发的费用占到公司年收入的 8%，她还斥资建立了膜工艺研发中心，该中心是亚洲第二大膜工艺研发中心。

凯发在新加坡的发展壮大并没有满足林爱莲的雄心壮志，她又看准了中国水处理市场的广阔前景。20 世纪 90 年代，凯发开始涉足中国的污水处理领域，但事情并不顺利，当时该领域完全由国企掌控，私营企业根本无法插手。虽然困难重重，但林爱莲并没有放弃中国这个巨大的市场。最终，凯发集团还是在中国站稳了脚跟，并拿下了好几个城市的水处理工程。经过十几年的经营，该公司在中国的收入已占到公司整体收入的八成左右，远远超过在新加坡所获得的收入。

林爱莲非常看好水处理行业的前景，有一年她说："水处理这一行业不过才发展了20年，在未来20年会成长的倍数，将大得超过人们的想象。在未来，水会比油贵。现在国家之间还在为石油发生战争，以后将会是争夺水源。"正因为这样的前景观，凯发的海外扩张计划并没有止步于中国，中东、印度等地都成为它开发的区域。林爱莲表示，凯发将会把开发的重点逐渐转移到印度，并希望印度的水处理业务能在5年内占到公司总收入的五分之一。

身为东南亚第一女富豪的林爱莲生活简朴，对慈善事业非常热心。只要是与教育、儿童以及退休老人有关的慈善事业，她都慷慨解囊。事业如日中天的林爱莲至今未婚，事业的发展已经占据了她所有的精力，让她没有余力来顾及感情和家庭。林爱莲对现在的生活很满意，没有工作的时候，就与知己好友聚一聚、在家里画画或者与宠物狗一起跑步。她唯一的遗憾就是没能实现小时候的承诺——让婆婆过上好生活。

30. 刘波：黄粉虫喂鸡，卖蛋年赚过百万元

几年前，山东聊城的刘波还是个普普通通的打工仔，但如今的他已经成为后刘村远近闻名的创业能手了。刘波是如何发家致富的呢？这一切还要从2003年说起。

2003年，刘波不甘心打一辈子工，辞掉工作后干起了养殖业。万事开头难，刘波的创业之路一开始就遭受了巨大的打击，他购进的蝎子种苗在几天内死得干干净净。三万多块钱就这么打了水漂，刘波心痛得不得了。他觉得奇怪，蝎子是因为什么原因全死光了呢？仔细一查，刘波就发现了原因。原来母亲见养蝎子的棚里有很多蚊虫，刘波经常被咬得满身包，她心痛儿子，便自作主张在棚里打了驱虫药，没想到弄巧成拙，蚊虫没杀死，反倒把种蝎子全杀死了。

虽然首次尝试就遭此打击，但刘波并没有放弃希望，仍然不

断地琢磨着新法子。有一次，刘波急着吃饭出门办事，可家里只有馒头了，他正寻思着给自己找个下饭菜时，无意中看到了喂养蝎子剩下的黄粉虫。山东聊城及附近的居民有个特殊的饮食习惯，他们喜欢将蚕蛹、蚂蚱油炸着吃。刘波也曾尝过油炸蚕蛹，觉得味道不错。他寻思着，黄粉虫跟蚕蛹有些像，不知道油炸出来味道怎么样？出于好奇，刘波当时就把黄粉虫下锅炒熟了，准备试试味道。刘波一试之下，发现炒黄粉虫的味道竟然不错。他当时有了想法，是不是可以用这个来做一道新的菜品呢？

刘波拿不准人们是否能接受用黄粉虫做成的菜物，所以决定先在自己朋友圈里试验了一下。他把朋友请上门，并亲自下厨做了这道菜，想看看他们的反应。刘波怕朋友认出黄粉虫来，做菜的时候，特意将虫子掐头去尾。这一招果然奏效，朋友都没认出是什么，但都异口同声地称赞这菜味道不错。刘波随后告诉了他们真相，并拿出一盆活的黄粉虫。朋友都被吓了一跳，但还是觉得能够接受黄粉虫做的菜。

有了朋友的支持，刘波就想着把黄粉虫做成儿童的零食来贩卖，但由于所需的投资过多，再加上食品行业的准入标准过高，刘波最后不得不放弃了这个想法。但在这次尝试中，刘波无意中发现黄粉虫饲料的销售很不错，于是他又有了新想法：养殖黄粉虫。

这次的养殖比较顺利，刘波不久就将黄粉虫养殖做了起来，他每个月都能卖出2000千克黄粉虫，但刘波还是不满足。有一次，他偶然在电视上看到虫子鸡的项目，便又有了新想法：是不是能用黄粉虫来养鸡赚钱呢？刘波的行动力惊人，不久，他就买回一批土鸡，开始了他的创业新项目。刘波尝试着将黄粉虫混着五谷杂粮来喂鸡，开始的时候，这个项目并不顺利，可能是黄粉虫比例过大，鸡吃了这个混合料之后，下蛋情况变得极不理想。刘波计算了一下：一共 2000 只鸡，一天怎么也得下 1500 个鸡蛋。但实际的情况却不让人乐观，每天的产蛋量非但没有达到他开始的预计，反而越来越少了。

据刘波的观察，产蛋率下降似乎与黄粉虫数量过多有关。刘波犯难了：究竟放多少才合适呢？刘波也知道这个问题无人能回答他，于是他将家里的鸡进行了分组，每组喂养不同比例的饲料。这个方法虽笨，却很有效果。不久，刘波就试验出了最佳比例，鸡的产蛋率也达到了 85%。而且，刘波发现这种虫子鸡蛋比其他鸡蛋的质量要好上不少，鸡蛋清比较稠，磕在盘子里都不散。

刘波的虫子鸡蛋终于研究出来了，可事情还没完呢，因为他的鸡蛋根本没有销路。为了打开销路，刘波想了很多招儿，他先是去了农贸市场免费送虫子鸡蛋，随后又去了幼儿园门口给孩子家长送鸡蛋，但效果都不明显。后来，他想搞个买一送一的活动，结果被家里人制止了。刘波的家庭是个普通的农民家庭，这样的活动他们的确承受不起。

就在刘波全家人一筹莫展的时候，张桂芬打电话上门，表示想购买刘波的虫子鸡蛋。原来，张桂芬就是收到免费鸡蛋的家长之一。张桂芬说：“孩子吃了这个鸡蛋，再吃别的鸡蛋，咬一口他就不愿意吃了，非要吃这个虫子鸡蛋。从那儿以后，就经常来买这个鸡蛋。”山重水复疑无路,柳暗花明又一村。刘波的虫子鸡蛋终于打开了销路，后来，每天销售给这家幼儿园孩子家长的鸡蛋就达到 2000 个。

虽然虫子鸡蛋的销售慢慢有了起色，但刘波还有其他想法，他想在聊城建立代销点。刘波奔波于聊城的大街小巷，想找到代销点，但情况很不理想。经销商们都觉得这鸡蛋价格太高，销路难以打开，利润也不高，所以都拒绝了刘波。刘波找到秦兰英当代销商时，秦兰英也拒绝了他，秦兰英说："谁相信啊，你说隔着个皮，谁不知道里面什么样。"她女儿也表态，"平常的笨鸡蛋、山鸡蛋也就是合六七角钱一个，它这个合一块多钱吧，就觉得比平常的鸡蛋贵一些。"

刘波并没有就此放弃，他给秦兰英送来几十个虫子鸡蛋，想让秦兰英亲身体验一下虫子鸡蛋的不同之处。秦兰英尝试之下，果然发现了不同，她说道："咱这个鸡蛋都是发黄色，确实有点那种香味。"就这样，秦兰英成了刘波的代销商之一。

于是，刘波又依葫芦画瓢，在聊城及附近发展了多个代销商。不久，细心的刘波发现了一个现象，医院附近代销点的生意往往比其他代销点的生意好不少。原来，这里的人们有个习俗：在前往医院探望病人时，人们都习惯送些鸡蛋。鸡蛋营养丰富，价格还不贵，多好的选择！刘波利用人们的这一心理，迅速在聊城所有的医院附近设立了代销点，并给自家的鸡蛋加上了漂亮的包装。果然，虫子鸡蛋成了看望病人的不二之选，销售越发火爆起来。

现今，刘波的虫子鸡蛋事业已经发展壮大。仅在聊城及附近，为他售卖虫子鸡蛋的代销点和超市就超过 140 个。继虫子鸡蛋之后，刘波又与多户农民合作开展饲养虫子鸡的项目。

31. 刘岚：从卖花女到“炎黄光谷科技”的创业路

刘岚是个天生适合创业的人。还在读大学时，她就利用课余时间开了家鲜花礼品店，这个店在三年的时间里，给她带来30万元的收入。毕业后，刘岚进入一家酒店打工，5年之后，她成为该酒店的总经理。之后，她放弃这份优渥的工作，选择了下海创业。如今的刘岚已经成为炎黄光谷科技股份有限公司的总裁。

1990年，还是大二学生的刘岚就有了创业的想法。当时，武汉市的鲜花市场还没发展起来，刘岚盯准这个机会，打算用自家的门面开一家鲜花礼品店。谁料想，她的这一想法，遭到全家的反对，大家都认为她还在读书，开店完全是不务正业，但倔强的刘岚还是决定将店开起来。

没钱进货就找朋友借钱，没钱付装修款就先欠着，刘岚想尽办法把花店开了起来。可是没有销售怎么办呢？刘岚左思右想，琢磨出个好点子：“女大学生创业可是个吸引人眼球的噱头，我完全可以借助报社和电视台来免费给我宣传。”

刘岚的这个点子果然实现了。1991 年的情人节，刘岚受武汉电视台的邀请做了三期关于鲜花的讲座。这个讲座播出之后，刘岚的花店马上具有了知名度，销售逐渐火爆起来。

当时，武汉鲜花全部是从上海、广州两地空运过来的。刘岚为了节约成本，总是选择最晚的航班来运送她的货物。在那段时间，她总是半夜跑去机场接货，接着乘公共汽车回店铺。为了做好第二天营业的准备，她常常忙到凌晨三四点。如果遇到开张或是结婚的好日子，她都必须通宵准备并一大早将客人预订的鲜花送到。又要开店，又要上学，这样的辛苦是很多人没有经历过的。

刘岚现在回想当时的情形，不禁感慨道：“那情景至今还历历在目，回想着当时的辛苦，身体的劳累，体力的透支，这些都是无法想象的。”刘岚的辛苦没有白费，鲜花店三年的经营让她赚到人生的第一桶金——30 万元。

毕业后，刘岚进入一家酒店工作。做一行就爱一行，刘岚抱着这样的信念，脚踏实地地工作着。正是由于这样的信念和态度，刘岚在酒店工作五年后就升职为总经理。刘岚任总经理期间，工作非常出色，实现了让酒店扭亏为盈的目标。曾启红是与刘岚同时进入酒店工作的。在她眼中，刘岚性格大气、开朗活泼，非常擅长与人打交道，不论什么样的客户投诉，刘岚总能搞定。曾启红说：“她善于学习，读很多书，对各行各业都很了解，这让她懂得如何和人打交道。”

酒店生意上轨道之后，刘岚的生活清闲下来。但这种轻松的生活让她坐不住了，她想起大学创业的经历，又动起了创业的念头。她征询父亲的意见时，父亲说：“我是你坚强的后盾，可以大胆放手一搏。”

家人的支持让刘岚下定了决心。2000 年的时候，刘岚辞掉既清闲待遇又高的工作，投身于科技产业，与朋友合伙开起了公司——湖北华人科技有限公司。公司成立之后，刘岚又着急起员工和项目来。有一次，刘岚偶然从朋友处得知，某通信运营商正在寻找新的代理商来销售手机。刘岚觉得这是个好项目，便开始与该运营商接洽起来，并达成初步合作意向。之后，运营商提出要考察刘岚公司的实力。刘岚的公司刚起步不久，连得力的员工都没有，怎么样才能过这关呢？刘岚急疯了，不停地通过自己的关系网开始寻找合适的人手。功夫不负苦心人，打了无数个电话，联系了所有能利用的资源，刘岚终于找到 8 个得力的干将，之后，刘岚的公司在不到十天的时间里招聘了百来名员工。

员工招聘完成之后，公司对所有员工进行了强化培训。15 天后，刘岚的这些努力都得到了回报。运营商考察之后，同意与她的公司合作。合作协议定下来之后，整个公司都投入紧张的工作之中，刘岚也没闲着，她与大家一起以盒饭和方便面度日，一起加班到深夜。刘岚的努力没有白费，当年整个公司销售的手机接近两万台。蔡华刚就是当年与刘岚合作的对象，他称赞道：“她为人诚信、爽朗，手机销售当年全省排名第一，比当时的第二名多出 1 万多台。”

打完创业的第一仗之后，刘岚并没有停止她的脚步，她的目标更大了，随后她带领自己的公司与其他知名企业共同组建起炎黄光谷科技股份有限公司，并担任该公司总裁一职。自公司成立起，刘岚就抓住高新技术产业发展的机遇，加强与各知名高校的合作，致力于高新技术产品的开发，并逐步涉足金融保险、融资担保、资产管理、环保、能源、生物制品等行业的发展。

炎黄光谷科技股份有限公司自成立以来，其规模不断扩大。2003年，以其为母公司的炎黄集团正式获准成立。成立5年后，炎黄集团已经发展成为综合性的集团，拥有数千名员工以及十多家成员企业。随着集团的快速发展，刘岚的工作压力越来越大，并开始出现厌食和失眠的症状。她说："痛苦无法用言语来表达，当时真想就这么放手，回归到简单的生活中去。"刘岚不是个轻易放弃的人，为了缓解压力，她开始广泛地阅读书籍。《一个真实的宋美龄》、《乱世佳人》以及叔本华和培根的书籍都成了她心灵的导师，指引着她的心灵找到了宁静。

集团在刘岚的带领下正快速发展，2007年涉足旅游业，成立了湖北柴埠溪旅游股份有限公司，与五峰县政府共同投资上亿元开发柴埠溪大峡谷。另外，还与合作伙伴共同成立了武汉光谷微电子股份有限公司，致力于高科技芯片的生产。

32. 陆琴：从修脚妹到连锁修甲店老板

修脚这个行业是很多人瞧不起的行业，而农村姑娘陆琴就是靠着这门修脚的手艺抒写了属于她的辉煌人生。如今的她是全国50多家修脚店的老板，每年的营业额达500多万元。在扬州，陆琴的名字就是第一把刀，因为当地有着三把扬名四海的刀——厨刀、理发刀和修脚刀。

故事要从1988年说起。当时农村姑娘陆琴到澡堂学习修脚，当时还没有姑娘给男士修脚的先例，她的到来让澡堂变得热闹了，还有人专门给陆琴编了一个顺口溜。但没人料到这个来自农村的姑娘4年后在扬州名声大振，也让陆琴再次变成了扬州的话题。

扬州市在1992年举办了一次以弘扬三把刀传统文化为主题的修脚比赛。这次比赛算得上我国首次大型的修脚专业比赛，陆琴是这次比赛中唯一一名女修脚师，也是年龄最小的一名选手。陆琴获得了比赛的第一名。这个结果让所有人都感到意外，就连专业的修脚师、沐浴协会常务理事陆松林老师都觉得不可思议。

陆琴获得第一名的事马上在业内炒得沸沸扬扬，很快媒体也介入其中，这让害羞的陆琴反而觉得不自在。陆琴本来就觉得干这个行业有点不好意思，经过媒体的宣传后就有不少人找上门让她修脚，还有特意从外地到扬州来的，这让她有点措手不及。然而，这个契机也让陆琴悄悄地走进了财富的大门。

1993 年，陆琴注意到了一位叫陆宝林的顾客，他并不在意修脚的质量，更多关注的是陆琴本人。有一天，陆宝林对陆琴提出来一个出人意料的要求——让陆琴去自己的洗浴中心挂牌当修脚大师，所有的收入两人分成。这个条件对于陆琴来说是有吸引力的，因为可以让自己的工资翻番。陆琴说："当时陆宝林找到我以后，就说邀请我到他那儿去，说收入比较高，我说可以，就跟他走了。"

陆琴的到来让陆宝林的洗浴中心兴旺了起来，甚至有客人不惜等几个小时就是为了等到陆琴帮自己修脚。一时间，陆琴成为扬州各洗浴中心老板眼中的"香饽饽"，都开高价钱邀请陆琴到自己的洗浴中心上班。在 1994 年 5 月，陆琴突然接到了一个开业请柬，但在庆典上主办方说陆琴是本中心的挂牌大师，这样的事情让陆琴陷入被动之中。

类似的事情还一直延续，2001 年，扬州的一家港资休闲会所开业，开出一个让陆琴意外的价格，月薪 1 万元，而且每个月只需上班 8 天。这样丰厚的条件让不少人羡慕不已，但陆琴不这么觉得，她觉得如果自己当上了老板，可能收入会更高。陆琴知道，这些洗浴中心请自己更多是为了通过自己的名气为中心炒作，吸引更多的消费者。陆琴想着：“我为什么不利用自己的名气开店呢？我也许也有一批忠实的客户呢。”

别的修脚师为顾客做一套脚挂牌价格是 60 元，但陆琴的价格却高达 600 至 1000 元，尽管如此，顾客还是络绎不绝地上门找陆琴修脚，而这样的情况也坚定了陆琴要自己创业的念头。2002 年 7 月，陆琴终于开了一家脚艺中心，由于投入的资金有限，所以店面只能开在选择比较偏僻的地方，装修也没有其他洗浴中心那么高档。当时的陆琴是自信满满的，她觉得自己的名气足以招揽到大批的客户。然而事与愿违，店里的生意并没有红火起来，反而是很清淡，但开店每天必须开销五六百元，陆琴没过多久就支撑不下这亏本的生意了。无奈之下她只好关了店面，回到别人的洗浴中心做挂牌大师。很奇怪，当陆琴到别人的洗浴中心工作时，依旧有很多人找她修脚，甚至每天都要忙到半夜才能收工，而自己当老板的时候却是生意惨淡。通过这明显的差别，陆琴逐渐找到了其中的缘由。陆琴说：“当时觉得自己名气大，会吸引很多客户来，但是吸引的客户都是高层次的，人家觉得我的环境有问题，普通百姓他们觉得陆琴名气很大了，价位会很高，不敢进我的店。”

的确，没有正确的定位使得陆琴首次创业失败，也遭受了一定的经济损失。2003 年，陆琴在朋友的帮助下第二次创业，开了一家装修高档的脚艺中心。为了可以尽快偿还从朋友那里借来的钱，她还开了一所专门培训修脚师的学校。

经过了上次创业的失败，陆琴知道要成功不能只靠名气，必须要有自己的特色才有稳定的客源。那应该怎么做才算有特色呢?

修脚界有一句行话："三分手艺，七分刀"。对于修脚师来说，刀具是一个特别讲究的工具，客人又很反感修脚师一套刀具用到底的做法。

为了让客人享受到一人一把刀，陆琴想了很多办法，但要打磨一套刀具得耗上一天，除非有足够的人力，不然想要一人一套刀的做法基本不可行。而陆琴在这方面确有得天独厚的优势。因为陆琴有一家培训学校，她要求学生到这里学习的第一关就是要练好扎实的基本功和磨刀的技术，这样每天就有不少被学生"练习"出来的刀具。这样既可以保证顾客享受到一人一套刀，又可以提高学生的磨刀技术。从此，陆琴的客人就可以享受到一人一把刀的服务了，陆琴还在刀上刻上客人的名字，这样每个客人都有自己的专属刀具了。这个特色服务让陆琴赢得了更多的商机。

此外，陆琴还调整了修脚的刀法，这个调整也让陆琴的修脚中心很快红火起来，迅速扩张到全国各地。这个调整到底是怎样的呢?

对于一个修脚师来说，都有自己的绝活。在修脚界有一个传承多年的手法——一刀圆。一刀圆指的是在修脚时，刀是不能向下走的，必须挑着走。这样一刀下来，趾甲就变得又短又平，不用第二刀了。这个手法也是用于判断修脚师水平高低的标杆，不少的修脚店把一刀圆当作店里的"招牌"。

要学会一刀圆的刀法必须有深厚的功力，稍不注意就会把客人的脚弄伤，对于陆琴这样的修脚大师来说当然是没问题的，但对于那些刚入行的新人来说，就有可能出现差错。陆琴觉得修脚不应该一味考虑刀法，还得照顾顾客的切身体会才行。所以她对刀法进行了调整，先是把趾甲修薄，这样就不用全部削掉。这么做就可以让客人放松，又可以在不知不觉中修薄客人的趾甲或者去除脚病。

在陆琴的店里，衡量员工技术的高低不再是以是否可以做出一刀圆的刀法为标准，更重要的是顾客的感受如何。让修脚不再恐惧、痛苦成为陆琴脚艺中心的“特色服务”。

从事修脚行业超过 20 年的陆琴，如今已是一个有着 50 多家修脚连锁店、身价过千万元的老板了。

33. 刘文华："三心二意"的创业宝典

在重庆市的"纺织专业镇"——回龙镇里，随处可见的招牌就是"某某纺织厂"、"某某织厂"。当地有一位通过互联网做大生意的年轻人，用重庆方言来形容他就是"嚣张得很"。这又是为什么呢？因为这位小伙子说："一年自己三心二意可以做上千万的生意"。

这位"嚣张得很"的年轻人叫刘文华，他和当地其他纺织户一样，专门做坯布生意。1998 年时，他和家人开办了自己的工厂——重庆渝织布厂。一开始是租借他人的工厂进行纺织生产，制造的产品主要销往云南、贵州、广西等地。但是，由于租借的工厂本身也是一个棉纺产品生产商的，这就应了"同行是冤家"这话。双方在生产上产生了分歧，尽管合同期是五年，但不到一年刘家就通过借款建造了自己的厂房。2003 年 11 月正式创立

“重庆昊天织造有限公司”。刘家生产的产品一般由代理商销售，但代理商也是一个制造商，所以压款的事情经常发生。“严重的时候压了我们五六十万。”刘文华说：“当时资金紧张，让我萌发了自己做销售的念头。”与父亲商量后，刘文华与妻子前往江苏海门市销售自家产品，而这就是他事业的新开始。

刘文华在海门市的销售效益很好，同时家乡的工厂也不断扩大规模，但是在2003年，他在海门的销售碰到了新问题。“当时因为合作上的分歧，我和其他的几十户商家从海门大千商贸城搬到南通冠达纺织商城，此后销量开始下降。为此，甚至连我的父亲也不得不亲自出面寻找客户。”刘文华每当说起这段往事时总带着一丝无奈，“后来我们开始将方向转向广东坯布市场，也就在那一年，我开始发现网上也能做生意。”

2003年夏，刘文华有了第一台电脑。“当时还没有上网，就是觉得现代人应该学会用电脑，买的时候就觉得它可能用到自己的生意上。”也许这个“做生意”的想法一直在潜意识里转悠，偶尔一次上网浏览时，他突然点了一个小广告图标，平时刘文华最厌恶这样的广告了，但这次他走进了阿里巴巴。“凡加入本网的会员，必须提供企业的营业执照等合法手续。”这样的要求吸引了刘文华，他想：在网上册会员还需要“验明正身”？没有证件就注册不了？出于对网站的好奇，他注册了一个临时会员。三天后竟然有客户主动打电话上门咨询了，尽管这笔生意没有做成，但是刘文华还是觉得这个网站是有商机的，两天后，他成为阿里巴巴的诚信通用户。

坯布市场的竞争十分激烈，因为坯布属于半成品，对生产工艺要求不高，门槛也较低。刘文华表示：“当市场整体的价格偏高时，重庆市场的价格就偏低，反之亦然，这主要是因为运输耽搁了时间。现在能在网上谈生意，就避免了重庆的坯布运到江苏再进行销售时的低价市场环境。”因此，刘文华开始转移“阵地”，把销售重心转到网上。经过一段时间的摸索，他有了一套自创的“三心二意做生意”法。

当然，这个“三心二意”并不是贬义词。意思是做生意时要明确目的和多听别人意见，还要有细心、恒心和责任心。“第一个是细心，甚至要有家庭主妇那样的细心，对产品信息、报价单、产品目录的相关资料，网上网下都要做得充分。”他认为，“纺织行业讲究的是性价比，很多客户会货比三家，所以在估算出恰当的价格时，还要通过网络向客户展示全面的资料，不但可以凸显专业性，也为客户接受自己的报价做铺垫。

说起恒心，刘文华有这样一个说法：“戴尔电脑经常给我们发产品介绍，虽然大多数时候我并不需要，但是一旦我打算要买电脑，我第一个想到的就是戴尔。”戴尔的宣传启发了刘文华，要经常与潜在客户接触，才有可能促成生意。“我主要在阿里巴巴更新信息、重发信息，有的时候进入论坛。我将江苏海门这一带相关行业的潜在客户都加为贸易通好友，然后和他们再慢慢聊，涉及业务的，我就会把我们的报价单发给他们，即使这做不成生意，也能让客户对我有印象。”刘文华的坚持让他获得了许多意外的惊喜。“像我们做的坯布，客户大多是要印染成品，当与客户有了良好的沟通之后，他会开始下一些面料甚至床上用品的单子，无形中扩大了经营的范围。更多的时候，甚至有客户给我们介绍来了大订单或形成客户链。”

刘文华说：“责任心很关键，要做到却很难。”在刘文华眼里，只要是签了合同或者已经与客户承诺的事情，无论如何就都要按时做到。有一次，一家公司向刘文华订购一批布料。可当他到仓库提货时，发现货物的规格发错了，但交货期马上就到了，这该怎么办呢？刘文华经过一番考虑，把仓库里最上等的布料提交给这家公司。当公司的老板收到布料时发现，布料的质量不仅比原先订购的好很多，还附带了一封道歉信。之后对方与刘文华达成长期合作的协议。尽管这单生意刘文华亏损六千多元，但他的“责任心”获得了“回头客”。

刘文华的经营准则不仅有“三心”，还有“明确目的和多听别人意见”。“我们每天都接到很多电话、传真，其中有询价的，也有要求寄样品的。”他说：“我们做生意不分大小，尽量满足对方的要求，但是我还是坚持自己的原则。“一般都是免费寄样品，但我们不盲目，那些直接问价格的公司，我们不会理会。一般要寄样品的话都看该公司的网站，或者它的相关资料介绍、公司营业执照、机构代码等都证明它是实体，才会给它寄样品。”经过刘文华的摸索与努力，重庆昊天织造有限公司不断扩大规模，经营范围也从坯布扩大到面料与服饰加工。

尽管网络贸易让刘文华尝到了甜头，但他对于网络推广平台仍是谨慎选择。他说：“我很看好竞价排名，在阿里巴巴上我就在做竞价排名，而且要做就要做前三名，要做到这点，选择较冷门但是专业的词汇更有竞争力。比如，我的主要产品是棉坯布，我就用‘棉坯布’作关键词，而不是大众化的‘面料’”。

在国内市场立足后，刘文华开始考虑扩展海外市场。2006年刘文华准备去杭州参加网商大会，这时候有一位法资公司业务员李女士告诉他，他们公司要在中国找一家供应商。刘文华听到消息后马上给法国寄去样品，但一直没收到对方的回复。急性子的刘文华直接打电话到法国去。“当时电话一接通，我以为就是那个业务员接电话，不料话筒传来的却是一个外国人的声音，一下子我的汗都下来了。”刘文华说：“我不懂外语，急中生智只好蹦出几个单词‘China，Miss Li’（中国，李小姐），还好对方机灵，给我把电话转过去了。”尽管最后没有成为这个公司的中国供应商，但刘文华意识到，想要做外贸，就要不断给自己充电。现在的刘文华依旧靠着“三心二意”做生意，但他对于生意的眼光已经投向全球了。

34. 罗立新：卖“签名土鸡蛋”月赚过万元的初中毕业生

大多数人只看到大城市的高楼大厦，却没有发现默默为城市建设付出血汗的普通工人。出生在湖南湘潭乌石镇的罗立新就是这众多普通工人中的一员，由于家庭原因，初中毕业后的罗立新就放弃了学业，随着老乡来到了长沙当起了一名普通的泥瓦工。

一边是繁华的大都市，一边是贫穷的小山村，初到长沙的罗立新动起了小心思。一次偶然的发现，代替工地做饭师傅的罗立新挖掘到了商机。原来，罗立新在菜市场中遇到一位同乡，攀谈间罗立新得知这位老乡每天轻轻松松地卖菜都能赚到一二十块钱。反观自己，每天辛辛苦苦地工作才有十块钱的收入，巨大的差距让罗立新有了转行卖菜的想法。

1990 年春节刚过，罗立新带着辛辛苦苦赚来的两百元钱开始了他的创业。

一间民房，一辆旧单车，这就是罗立新在长沙的全部资产。凌晨两三点，罗立新就急匆匆地赶到蔬菜批发市场，一番采购后又马不停蹄地赶回家，将蔬菜分类好之后，罗立新就骑着单车出门做生意。上过学的罗立新明白薄利能多销的道理，因此他的蔬菜总比其他菜贩子卖得快。短短一年时间，罗立新就靠卖菜赚到了五千多元，有了一定的资本，罗立新想到了妻子。不忍心让妻子一个人在乡下受苦的罗立新毅然而然地将妻子接到了长沙。

对于创业初期的罗立新来说，多一个人并仅仅是多一副碗筷那么简单，妻子的到来也带来了许多经济上的问题，为了赚取更多的金钱，罗立新夫妇不得不付出更多的辛劳。

平日里，为人和善的罗立新总是免掉老人们买菜的零头，久而久之，不少老人也对这个热心的小伙子产生了好感。有一次，一位和罗立新关系不错的老婆婆在买菜时请罗立新到乡下捎点土鸡蛋，罗立新二话没说就答应下来。本着宁可多带，不可少带的原则，罗立新从乡下带了整整 10 千克土鸡蛋，那位老婆婆仅仅拿走了 2.5 千克，无奈下罗立新只好将剩余的土鸡蛋放在菜摊上。没想到城市里人对土鸡蛋有着巨大的购买欲望，短短半个小时的功夫，剩余的鸡蛋就被抢购一空。罗立新立刻意识到这是一个商机，由于卖菜已经逐渐满足不了罗立新夫妇更大的需求，所以罗立新有了卖土鸡蛋的想法。

说干就干，罗立新立即从乡下收购了几十千克土鸡蛋，每次都不到一个小时，摊位上的土鸡蛋就被抢购一空，这让罗立新坚定了自己的想法——卖土鸡蛋。为更好地销售土鸡蛋，罗立新发动家中的长辈，让他们在家乡帮忙收购土鸡蛋。

2001年5月，罗立新的土鸡蛋生意遇到了问题。这之前一次次的成功并没让罗立新意识到土鸡蛋的销售会存在市场问题。有一次从家乡带了100千克土鸡蛋的罗立新却发现城里已经没有多少人愿意购买他家的土鸡蛋了，这让罗立新有些疑惑。几天来，来鸡蛋摊的客人都是三三两两的，不知道问题出在哪里的罗立新干脆收摊回家。夫妻两人研究了半天也没研究出个所以然来，烦躁的罗立新走出家门打算上街去透透气，然而，这一走就让罗立新发现了问题所在。茶余饭后，邻居们总爱聚在一起闲聊，路过的罗立新意外地听到了邻居说的一句话：“那个卖鸡蛋的小罗，每次都有那么多土鸡蛋，你们说，他是不是拿鲜鸡蛋来蒙我们啊？”

明白问题所在并不能立刻解决问题，没有生意的罗立新在店里发呆。不知不觉中，突然罗立新大喊一声：“有了！”闷闷不乐的妻子被这一声吓了一跳，看着妻子逐渐冷下来的脸，罗立新连忙将自己想到的办法告诉妻子：“现在一些歌星、影星、作家们，都搞签名售光盘、售书，我们为什么不可以签名卖鸡蛋呢？如果顾客买了我们的土鸡蛋，发现是假货或者不新鲜，就可以凭签名无条件退换，这样，顾客不就可以放心了吗？”

听完罗立新的点子，妻子也找不出反对的理由，反正鸡蛋摊几天来都没什么生意，她就任由罗立新“瞎折腾”。第二天，罗立新买回了一个刻有“罗立新”三个大字的印章，然后在每个土鸡蛋上盖上自己的名字。原本以为这样做能让人们放心地购买他家的鸡蛋，却没想到疯狂抢购的局面并没有发生，反而是不少有心人拿他这种行为来打趣，这让罗立新心里有一种说不出的滋味。

正当罗立新为如何向人们解释这件事犯愁时，一对经常来店里买土鸡蛋的老夫妇给罗立新带来了好消息。这对老夫妇听说罗立新卖“签名土鸡蛋”的事情后，特地赶过来看看，并有心买 5 千克鸡蛋，如果这些鸡蛋真的都是土鸡蛋，他们的邻居也会来罗立新的鸡蛋店购买鸡蛋。

真金不怕火炼。果不其然，几天之后，小店的生意再次红火起来。短短半个月的时间，罗立新的几百千克土鸡蛋销售一空，这让愁眉苦脸好一阵子的罗立新总算放下了压在心头的大石头。

生意越来越好，罗立新囤积的土鸡蛋也出现了供不应求的情况，为了满足市场需要，罗立新只好又请了三个人帮忙收土鸡蛋。

俗话说，好事多磨。2002 年的一天，罗立新照常开门做生意，却被一位老太太堵在了门口，罗立新还没来得及说话就被老太太一番言辞弄得无话可说。不敢怠慢的罗立新连忙把老太太请进店里，同时又仔细检查了老太太口袋中的“坏鸡蛋”。通过检查，罗立新发现老太太说的不是假话。他连忙给老太太换了同等分量的好鸡蛋，还给她报销了来回车费，和颜悦色地把老太太送出店铺。

这一场风波在罗立新的处理下总算是过去了，但是细心的罗立新并没有忽视这个问题。他明白，鸡蛋的质量出现问题损失的不仅是金钱，还有他费时费力建立起来的口碑。紧接着，罗立新马不停蹄地赶回老家，刚到家便召集所有经手收鸡蛋的人，一问之下总算是知道出现这些坏鸡蛋的原因。原来，这些鸡蛋之所以会坏是因为在送到店里销售之前被大雨淋湿过。

得知事情原委后，罗立新立刻赶回长沙，说服妻子后将店里的土鸡蛋全部撤下了，同时还特地在店铺外面贴出公示，让近日购买过土鸡蛋的客人将鸡蛋全部退回到店里，如果需要鸡蛋的可以免费换取等量的新土鸡蛋。

七天过去了，看到告示的人为数不少，但是真正来退土鸡蛋的却没有几个。原来，罗立新这种不让一颗老鼠屎坏一锅粥的行为得到了所有人的认可，生意不仅没有受到影响，反而因为罗立新这种诚信第一的做法变得更加红火。

转眼间就到了 6 月份，土鸡蛋店的生意也走上了正轨，罗立新也终于有了时间来清算这半年来的账目。不算不知道，一算吓一跳：这 6 个月来，光是从乡下收购土鸡蛋再运送到城里就花费了五千多元。由于道路问题，大量鸡蛋在运输过程中损耗，因此即使这半年来小店生意越来越好，但是真正赚到手的钱却不多。为了减少成本，罗立新决定自己买一辆面包车来运送鸡蛋，一来可以节约运输成本，二来可以减少鸡蛋损耗。然而，一辆价值两万多元的小面包车并没有让罗立新的真正收入增多，反而因为油价、车辆养护等诸多问题增加了许多开支。为了开拓新的销售渠道，罗立新有了建立社区店面的念头。说干就干，罗立新立刻找到了社区负责人，用自己的名气说服了负责人，成功地盘下了两间正对外招租的店面。

2002 年新年的脚步逐渐临近，罗立新的“绿色蔬菜超市”也如期开张了。一直坚信诚信是经商的首要原则的罗立新一如既往地将诚信经营放在首位。在罗立新的超市里，每一种蔬菜都明码标价，而且还向所有消费者保证：超市所有出售的蔬菜的残留农药都不超标；一切蔬菜都保证不会以次充好，更不会缺斤短两。在超市经营上，罗立新更是开设了电话购物，方圆两平方千米的客户只要打一个电话，超市就会将所需要的蔬菜送到客户家门口。“消费者举报制度”、“假一赔十制度”等诸多举动彻底征服了人们的心。在罗立新的努力下，“绿色蔬菜超市”在2004年获得了由长沙市商局和长沙市消费者协会联合授予的“诚信经营消费者信得过单位”，罗立新也成为长沙市蔬菜业首个获此殊荣的个体经营户。

经过数年的发展，罗立新不仅达到了月收入过万元的目标，更是有了足够的资金买下了一套位于长沙市区楼中带电梯的三室两厅房屋。罗立新这三个字不仅仅是一个人的名字，还是一个商标。罗立新表示，他还要在老家建立一个融养、种、销和旅游为一体的农庄，通过努力将“罗立新”这块招牌发扬光大。

35. 刘永好：农村走出来的“饲料大王”

1966 年，年仅 15 岁的刘永好为了去北京接受毛主席的检阅，特地挑选了家中最好的一件衣服。说起这件衣服，还真有那么一段历史：1949 年，刘永好的父亲在地摊上买来了这一件据说是英国进口的毛料制作的呢子衣服，17 年时间，这件衣服辗转于父亲和三位哥哥，等传到刘永好手中时，衣服的样式和颜色都已经发生了翻天覆地的变化，但是即便如此，刘永好依旧将它视为一件宝贝。

两年后，已经 17 岁的刘永好被安排到了成都市郊区的新津县古家村，没水没电甚至没有一条好公路，刘永好就拿着一天 1 角 4 分的工钱在这样“鸟不拉屎”的地方干活。

1980 年春节，刘永好的二哥为了让自己年仅四岁的孩子吃上肉，从大年初一开始就在马路边摆了七天修理收音机和电视机的小地摊。没想到这七天工夫，让他赚到了相当于十个月工资的三百元钱。

这一个消息就像一颗炸弹在兄弟几人的心里炸开了，修理无线电居然可以赚这么多钱，兄弟几人一合计就打算开一家电子工厂。

说干就干，兄弟中有学习计算机的、有学习机械的、还有的是懂修理家电的实干家，在兄弟几个齐心合力下，中国第一台国产音响——“新意音响”正式诞生。

为了将厂子开起来，刘永好将兄弟几人制造的音响搬到了乡下生产队，并找到了生产队负责人协商合作事宜。刘氏兄弟的意思是他们出技术，生产队出资金，两方面五五分成。刘氏兄弟的计划被公社书记的一句“集体企业不能跟私人合作，不准走资本主义道路”挡了回来，合作创业的美梦更是胎死腹中。

电子工厂没有办起来，但是在刘氏兄弟心里却埋下了自主创业的种子。电子厂之所以没有办起来是因为资金不够，相对大多数需要大量资金的行业，养殖业则不需要过多的投资，于是在1982年，刘氏兄弟在自家阳台上养起了鹌鹑。

毕竟是有相关的经验，刘氏兄弟养的鹌鹑越来越多，下的蛋自然也越来越多。为了将资产流动起来，刘永好和刘永行每天下班后就骑车沿街叫卖鹌鹑蛋。为了获取更多的利益，兄弟几个决定在古家村办一个专门的鹌鹑养殖场。

既然要扩大规模，自然就要解决政治觉悟问题。为了证明自己不走“资本主义道路”，没有拉“社会主义”的后腿，刘永好特地跑到县里找了当时的书记，见到书记后刘永好开口便是一句

“回乡创业要不要得?”

开明的书记笑着说：“没啥子问题嘛！”但是作为县委书记自然要为县里老百姓着想，于是向刘永好提出条件：“你们要带起 10 户专业户。”

对于书记的这个条件，刘永好满口答应。回家后，刘永好将这个好消息告诉了兄弟几人，然后马不停蹄地赶到银行申请 1000 元的贷款。1000 元对银行来说并不是大数目，但是由于刘氏兄弟几人不能出示有效的还款保证，银行并不同意这笔贷款申请。

银行不贷给款，刘氏兄弟只好自己想办法筹钱，他们将家中稍微值钱的物品全部变卖，终于凑齐了这 1000 元钱。

按照兄弟四人的计划，先让三哥下乡当“育新良种场”的场长，其余三人随后跟进。为了建厂房，刘永好带头将一车旧砖从两千米外搬进村子；为了做孵化箱，兄弟几人到货摊上收购废钢材然后自己加工。兄弟几人的努力终于换来了回报，1983 年年底，育新良种场已经孵化出 5 万只鸡和 1 万只鹌鹑，同时带出了 11 个专业户，成功地完成了县委书记交给的任务。

然而，天有不测风云，人有旦夕祸福。

1984 年 4 月，来自资阳的一个客商找到了刘氏兄弟，并声称要买下 10 万只小鸡。如此大的单子带来的巨大利润彻底冲昏了兄弟几人的头脑，他们毫不犹豫地向亲戚朋友借了一大笔钱购买了 10 万只鸡蛋。但是，令他们没有想到的是这位所谓的大客商在收走两万只小鸡后就失踪了，刘氏兄弟不仅没有追到款项，连已经出手的两万只小鸡也没有保住，一时间，原本风光的刘氏兄弟成了倾家荡产的落魄兄弟。

经过一番思想斗争，兄弟四人总算是放弃了跳江自杀的想法，也没有选择隐姓埋名，而是留下来正视这个问题。

为了东山再起，兄弟四人连夜编织竹筐，将种蛋和雏鸡带到城里出售。虽然四人每个都消瘦了，起得比鸡早，睡得比狗晚，但是好在这8万只雏鸡都卖出去了。

创业初期的第一次危机被兄弟四人成功化解，但是经历大起大落的刘氏兄弟却失去了创业的激情，在这关键时刻，还是刘永言的一句："我们一定要坚持下去！"重新激起了兄弟们的创业热情。

兄弟四人再次鼓起勇气，决心继续走养鹌鹑这条路。大学生出身的兄弟四人各有所长，为了养鹌鹑四人史无前例地团结在一起。依靠着知识优势和网络，他们终于摸索出一条相对经济适用的饲养方法：鹌鹑粪便喂猪，猪的粪便养鱼，鱼的粪便养鹌鹑。

1986年的钟声很快就敲响了，育新良种场的鹌鹑年产量也达到了15万只，鹌鹑蛋不仅走出了古家村，更冲出了亚洲。眼看着育新良种场的业绩越来越好，兄弟四人一商量，将育新养殖场改名为希望养殖场。

1987年，由刘氏兄弟创办的希望饲料公司投资400万元在古家村建立了希望科学技术研究所和饲料厂，并聘请了国内外的一批专家进行研发。1989年，希望牌1号乳猪全价颗粒饲料面世，擅长市场营销的刘永好将自己的才能完美地发挥出来，成功地在三个月内让希望牌饲料的销量追上了正大牌饲料。

同样质量的饲料，"希望"却比"正大"每吨便宜60块钱，吃不消的“正大”只好采取了降价策略，但“希望”还是不遗余力地降价。毫无招架之力的“正大”主动找到了“希望”，经过协商双方达成协议，这一场争夺市场的商战以“正大”正式退出成都市场收场，这一役奠定了“希望”在中国饲料市场的霸主地位。

1993年，刘永好携手41位政协委员提案成立一家为民营企业服务的银行。

1996年1月12日，中国民生银行在北京正式挂牌，刘永好任副董事长一职。

1999年5月，刘永好动用1.86亿元，费时一年，收购大量股份成为占股比为9.99%的第一大股东。

说起刘永好提案成立民生银行，有人曾戏称这是“君子报仇，10年不晚”。10年前银行不肯贷给刘氏兄弟1000元，10年后刘永好干脆自己搞出一家银行来和国有商业银行“抢饭碗”。但是，即使刘永好是民生银行的大股东，他也从来没有贷过一分钱，这是因为刘永好在瑞士达沃斯参加世界经济论坛时，一位企业家曾对他说过一番话：“一定要注意，银行的钱不好用，银行就是在你不缺钱的时候给你钱，最缺钱的时候使劲把你往崖下推的那个人。”

有足够的资源却没有运用，这是浪费；有足够的资源却随意动用，这是冒险。刘永好左手握着政治资源，右手握着企业资源，在他创业成功后，他从来没做过一件不该做的事情，也从来没放弃过一件该做的事情。他审时度势，果断出击，这就是中国大多数企业家所缺少的一种大智慧。

36. 许扬：一个“拥有互联网的人”的致富史

随着互联网越来越普及，不少人开始从事网络的相关工作，网络行业的从业者在见面时说的第一句话大多是“你好，我是某某网站的某某。”与一般的网络从业者不同，许扬在自我介绍时不会用这样的通俗语言，这倒不是许扬有意搞特殊，而是因为许扬经营的并非是一家或几家网站，他所经营的是几十万家小网站，在全球范围内，人们称这类人为“拥有互联网的人”。

大多数网站的首页都有各色各样的图片和链接，然而许扬负责的网站却十分简单，为数不多的链接很容易让人联想起多年前的互联网。

“像这样的网站，即使是手工操作，10 分钟我们就可以推出一个，然后就不用管了，就等收钱。”许扬很自信地笑着说。也许正是因为这看似不切实际的操作才让这类人能拥有数十万个网站吧。实际上，内行的人都明白许扬这类“拥有互联网的人”如此操作网站的真正目的。举例来说，有些急于寻找便宜机票的人们，就是通过这类网站上的“Cheap airline tickets”（廉价机票）的链接进入专门的机票销售商的网站，可以说这种简单的小网站的身份就是网络中介，网站开发者则是靠收取中介费维持生计的。在海外市场，每一个有效的点击都能为网站开发者带来几美元的收入，积少成多后，这就是一笔十分可观的收入。

在做网站之前，许扬是一名普通的域名投资商，在他手中有着二十多万个域名。正因为有这样的条件，打算转行的许扬才能在很短的时间内开发出一个个可以接受访客访问的简单网站。当然，这只是许扬诸多计划中的第一步。不久后，在网络上出现了一项名为“域名停靠”的业务，任何域名的拥有者，只要在这个平台上办理有关的手续，就可以通过操作使他们手中的域名变成一个个网站。短短几个月的时间，几十万个域名通过许扬的这个停靠平台变成了网站，它们产生的巨大访问量被导向各个行业具有商业性质的网站，这类网站所有人再从各个商业网站获得相应的报酬。在海外，这种循环操作被称为网络流量直航。

无须市场推广，更不需要员工维护，建设成本更是低到可以忽略不计的地步，在大多数人看来，许扬的生意再简单不过。据许扬介绍，发展至今，他的手下也只有二十多号人，其中超过半数的员工都在负责流量直航，然而仅仅是这十多个人每个月就能为许扬带来二三十万美元的收入。

但是，这种坐收数十万美元的网络生意并不是人人都能做得了的。

许扬说：“网络流量直航，实际上是对域名价值的开发释放，整个产业建立在域名的基础上，而域名投资不是谁都能进入得了的，所以这个业务的门槛会很高。”因此，许扬更是坦言道：“我就是把整个业务模式都公开，别人也很难复制，太难了！”

许扬没有因为每个月几十万美元的收入而放弃自己的工作，每天他都要工作到深夜一两点，疲惫时，许扬就打开电脑，随意地巡视着自己的网站。每当这个时候，许扬仿佛能看见全球各地的千万网民从他所设计的网站被导流到各种各样的商业网站。

作为“中介人”的许扬不需要刻意地找客户，更没有必要亲自去向各家商业网站收费，随着流量直航商业链的越来越完善，雅虎等大型网络广告代理机构也开始重视起这一商业链。大型代理机构将网民导流到有需求的商业网站，通过专门的途径向商业网站收费，再定期转账给许扬的境外公司，最后许扬按照合同将获得的利益按比例分配给相关停靠在平台上的域名所有人。

许扬表示：“看起来是每个月都有不少的收入，但实际上我都没拿到手，基本用来投资新的域名了，现在稍微看得上的一个都是几千上万美元，很贵。”依靠域名起家的许扬至今也没有放下对域名的痴心，不仅如此，许扬还帮助大量顶尖企业策划相应的品牌和域名，出自许扬之手的域名方案往往能解决一些顶尖企业的域名难题。

在网络行业，域名就如同土地资源，许扬操作的流量直航就如同在这些土地上建筑房子，然后以出租的形式向有需求的商业网站收取一定的租金。许扬说：“更关键的工作是收集更多好域名。”因此，租金的多少是由域名的数量和质量决定的，如果想要获得长久的收入，在域名这方面仍需要大量资金的投入。

但是，随着流量直航带来的商业链受到越来越多的投资者的注意，域名的价格也在飞速上涨，普通域名不值钱，但方便记忆的域名的价值则高达上万美元，可想而知，想要获得成批的优质域名所付出的资金是何等的庞大。据统计，美国的一家上市公司 Marchex 在 2004 年曾花费 1.64 亿美元收购上万个域名，利用这些域名，Marchex 公司每个季度都能获得数千万美元。上万个域名，1.64 亿美金，这还仅仅是 2004 年的行情，如果是放在当下，收购上万个域名估计要花费 10 亿美元。

对于需要大量资金投入的域名投资，数亿资金显得有些单薄，实际上，即使拥有大量的资金也不能保证能收购到足够优秀的域名。那些算得上优质的域名资源往往被为数不多的投资商牢牢掌握在自己手中，每个投资商都明白这些域名是一只只可以下金蛋的母鸡，因此即使有人开出天价来收购，大多数人也不会轻易出手。

实际上，大多数国人都不知道许扬是谁，即使掌握在许扬手中的域名数量在国内无人能比。许扬说：“这个圈子近 10 年来都是那么一批人在玩，大家彼此很熟悉，但分散在全球各地，都不爱张扬，圈外人根本就不知道有这么些人，更不用说进入圈子。”低调的许扬更是其中的典型，然而不出名并不代表许扬不下功夫，随着他的域名停靠平台的推出，国内外大量域名投资人都将手中的域名交给许扬，许扬的平台一下子也成为亚洲地区最大的域名聚集平台之一。

俗话说，外行看热闹，内行看门道。在外行人看来，许扬的成功仅仅是因为他推出了一个域名停靠平台，仅仅是因为他在创业初期就有二十万域名。但是，真正的内行人却明白想要“坐着收钱”光依靠大量的域名资源是不够的。不同的域名应该停放不同的内容，不同的链接要连接着相应的商业网站，只有依靠长期积累的经验才能做到这种种，才能使得收益最大化。

域名投资这一行业并非普通人想的那般简单，这一系列门槛使得绝大多数投资者只能“望洋兴叹”，这也使得许扬这个年轻人在这个行业中至今仍是个佼佼者。

37. 吴利忠：炸臭豆腐炸出的百万富翁

同一块豆腐，一千个人吃就有一千种味道。

沈天智，一位 17 岁就开始炸臭豆腐的豆腐大师，60 年的豆腐人生让上虞松下镇的当地人戏称沈摊主炸豆腐已经“成精”了。

每次路过沈天智的豆腐摊，吴利忠都会停下匆匆的脚步慢慢地品尝上几块美味的炸臭豆腐。一次闲聊中，吴利忠听朋友说沈天智老人的豆腐摊每天净收入高达百元，顿时，吴利忠心里打起来小算盘。“现在还是小打小闹，这门技术一旦经营起来……”想通这一点，吴利忠就打算拜沈天智为师，学习炸臭豆腐的手艺。

吴利忠无往不利的嘴皮子败给了沈天智老人的一句“这技术要带到棺材里去的”。眼看拜师无望，吴利忠决定转换进攻目标，第二天，吴利忠就单独找到了沈天智的老伴。为了达到自己的目的，吴利忠不遗余力地说服着老人："师母，您就让师傅收了我做徒弟吧，你们二老再做一年最多也就赚个两三万元，还不如我给您3万元的学费多，让我看你们干一个月的活，接下去的11个月您就休息吧。"也许是这一番分析打动了老太太的心，也许是吴利忠的恒心感动了老太太，在老伴的说服下，沈天智总算收下了吴利忠这个弟子。

说起学习手艺的那段日子，吴利忠至今嘘唏不已。在一年中最冷的一个多月，吴利忠每天凌晨两点就起床，赶了整整十多千米路才到沈天智家中。皇天不负有心人，一段时间的刻苦学习后吴利忠总算得到了师傅的认可，成功出师的吴利忠学起了师傅，买了一口锅和一个炉子，在小巷里摆起了炸臭豆腐摊。有心做一番大事业的吴利忠一边锻炼着自己的手艺，一边思考着如何赚取更多的金钱。2002年4月，上虞市出现了一家"六十年老磨坊"的臭豆腐专卖店。见惯了衣服专卖店、鞋子专卖店的居民对这个臭豆腐专卖店感到十分好奇，即使5块钱只能买到8块炸臭豆腐，还是有很多人愿意来尝试下这家店的炸臭豆腐。也许是店门口的长龙让吴利忠感到紧张，连续四次都没有点着炉子，原本以为做不成生意的吴利忠却惊喜地发现排队的客人不仅没有减少，反而越来越多，原来爱凑热闹的当地人见这家店门口有这么长的队伍，心里都产生了试试的想法，这才使得队伍越来越长。

说起这家炸臭豆腐专卖店的店名，吴利忠可着实下了一番功夫。"六十年老磨坊"一来显示吴利忠对师傅沈天智的孝心，二来也向世人彰显炸臭豆腐的悠久历史。炸臭豆腐专卖店一炮走红不仅仅是因为店名吸引消费者的眼球，还是因为作为店主的吴利忠为自家臭豆腐设计了一款特殊的包装盒——酒桌上几位古人品着绍兴酒，吃着炸臭豆腐的图案。这样独特又拿得出手的包装盒弥补了大量不能在店内品尝美味的消费者的遗憾。

一天几百元的收入仍旧满足不了吴利忠的“野心”。2003 年 10 月，吴利忠终于等到了机会，绍兴“鲁迅故里”面向全社会开展了“谁能做绍兴最香的臭豆腐”的征集活动，活动的最后赢家能获得绍兴第一小吃“三味臭豆腐”的称号，这个称号的有效期长达三年。这让有心走出上虞的吴利忠看到了希望，于是他毅然决然地参与了这场活动。由于这场比赛不仅要求参赛者有高超的炸臭豆腐技巧，还要有对如何经营豆腐店有一定的考虑和规划。比赛中，吴利忠的炸臭豆腐征服了评委的味蕾，而他的炸臭豆腐店经营方案更是让绝大部分评委有一种大开眼界的感觉。高超的手艺和绝妙的经营方案让吴利忠在众多参赛者中脱颖而出，成功地成为“三味臭豆腐”的掌门人。不仅如此，作为冠军的吴利忠更是在绍兴市里闯出了名声。深知打铁要趁热的吴利忠索性在绍兴的古玩市场和鲁镇开了两家“吴字坊”炸臭豆腐店。吴利忠说：“旺季的时候，队伍都排到鲁迅特色街上好几十米，把路上的交通都堵塞了，11 口锅子 20 多个店员都忙不过来。”高达两万元的日营业额让吴利忠决定走出绍兴，向全国进发。

为了走向全国市场，吴利忠特地向当地的工商部门申请注册炸臭豆腐这一行业的第一个商标，即吴字坊，同时他将炸臭豆腐这门技术申请了全国专利。吴利忠说：“我只管住地区代理，不同地区一次性交付不同的加盟费，每年再上缴一定的管理费。而一个地区开多少个连锁店我不管，这些都由地区代理负责，这样我就少了许多麻烦事儿。”这种比较省心的推广模式让吴利忠的炸臭豆腐店在短短一年时间走向了全国各地，并且在各地的连锁店已经超过了200家，作为专利权拥有者的吴利忠，仅仅靠收取加盟费、管理费等一些外围收入就能年坐收百万元。

曾经有人问过吴利忠一个问题：难道你不怕其他地方的有心人来吴字坊偷师？对此，吴利忠说他没有这样的顾虑，因为各地连锁店想要做出吴字坊这独特的味道就必须要有专门的配方，但这个配方却只掌握在吴利忠一个人手中。针对脱离吴字坊另立“山头”的连锁店，吴利忠更是坦言将在其周边再开一家吴字坊炸臭豆腐专卖店，依靠真正的实力彻底击垮它。

吴利忠做炸臭豆腐不过几年的光景。在做炸臭豆腐之前，吴利忠的工作是在职业学校做代课老师，有心创业的他也下海办过公司，但因为经验不足被人骗走了30万元资金，但是他并没有因此一蹶不振，不甘心屈服于命运的吴利忠到处寻找商机，只是没想到最后是家乡的炸臭豆腐给他带来了富足的人生。从一个一事无成的人到一个年收入百万元的成功商人，吴利忠的人生告诉人们，机会不是等来的，天上更不会掉馅饼，想要成功是需要付出努力的，一味“守株待兔”，即使机会出现在面前，不伸手去抓住，恐怕也会失去。

38. 郑秀康：33 岁学艺打造皮鞋王国

20 世纪 70 年代的时候，郑秀康家里特别贫困，再加上他的妻子身体欠安，还有两个孩子要养，因而日子过得特别艰难。1978 年，党的十一届三中全会在北京召开，开启了改革开放的序幕。这犹如春风，吹向了神州大地。全会议精神影响了温州人郑秀康，他开始观察自己身边的环境，寻找改变现状的办法。

“那时候，我开始希望改变自己的命运，想做一些小生意。在制鞋和沙发这两样中犹豫，但是最终我选择了制鞋，理由很令人难堪，就是我家只有 8 平方米大，一家人生活都拥挤不堪，连一个沙发都放不下，更别谈制造了，”郑秀康苦笑着说，“那年我已经 33 岁了，去找制鞋师傅学手艺，结果人家不要，师傅说他们只收十五六岁的小娃娃，我这年龄学不了，而且最起码也要学三年，师傅说，‘你不行’。”

郑秀康说自己当时特别诚恳，他对那个师傅说：“你教我吧！我是家里的顶梁柱，我一定行的！”老师傅不忍拒绝这个真诚的年轻人，就收他为徒。由于当时郑秀康白天要去工厂工作养活家人，学制鞋的时间只能放在晚上，他经常一宿一宿地不睡觉。凭借着自己在工厂里做机加工的经验，只花了 40 天的时间，郑秀康就制成了人生中的第一双鞋子。

做出这双鞋子后，郑秀康大受鼓舞，又连忙熬了几个夜晚，多做了几双鞋子，正赶上国庆节的时候去店里销售。鞋店老板看了看郑秀康做的鞋子，然后对他说：“我一般只给别人 14 块钱，你的鞋做得好，我给你 16 块钱，比其他人的贵两块。”

这件事让郑秀康看到了希望，他用了 40 天学会的制鞋工艺竟然比做了一辈子鞋的老师傅都卖得贵，这放在现在也是一个奇迹。但是郑秀康说之所以能够卖那么贵，大概是因为自己做了很长时间的机加工，比较注重技术。举个简单的例子，那时候师傅做鞋都是靠目测，但是郑秀康每一双鞋子都靠尺子量，对皮革的薄厚、鞋底钉的钉子都很用心，活儿做得很细。“我做得非常精细，我相信这样做出来的鞋子，不仅好看，而且舒服。”

郑秀康做鞋子慢慢有了名气，这对于郑秀康来说是好事儿，但是不要忘了，他还在厂里工作呢！这时候郑秀康已经努力晋升到了副厂长的位置，厂领导为了防止人才流失，就给郑秀康开出了各种优厚的条件挽留他。郑秀康也不好意思承认，就搪塞说：“老婆在家里闲着没事干做的。”

虽然在领导面前没有承认自己做鞋的事情，但是郑秀康偷偷算了笔账，发现如果边工作边赶时间做鞋的话，一个月下来，赚的钱比工厂多三倍，如果自己辞职一心一意做鞋的话，那就会赚得更多，妻子和孩子的生活也能好点儿。思前想后的郑秀康决定辞职下海，开始了自己的制鞋生涯。

回想起当年创业的艰辛，郑秀康笑着说：“当时最困难的就是没钱，没钱租场地，没钱买原材料。”但是他说自己有一个好妻子，在郑秀康作出这个决定的时候，妻子毫不犹豫地选择站在他的身后，不但将自己 8 平方米的小家改造成生产车间，还为了筹集资金，将自己陪嫁的物品都卖了。

“我妻子很不容易，当时家里情况很不好，我女儿才 4 岁，儿子还在襁褓中嗷嗷待哺，妻子的娘家人都说她傻，她什么都不说，就是默默地支持我。那时候用水不方便，妻子就去河里挑水，她又怕走了儿子闹影响我，扁担的一边是水桶一边是儿子。”说到这里，郑秀康很动情。

郑秀康就这样和他的妻子艰苦奋斗了 5 年，用传统的家庭作坊式经营了 5 年。在 1985 年的时候，看到了致富的曙光。偶然之下，郑秀康得知国家出台了关于个体户办厂的政策。他立刻抓住了这个机会，当时就去注册了康奈的前身——鸿盛皮鞋，并很快将市场拓宽至上海、杭州等大城市。

郑秀康办个体户产业的第二年，因为巨大的市场需求量，就带上了徒弟。因为当时经济条件有限，买原料的钱都没有，就算亲戚们想帮忙，也是有心无力。无奈之下，郑秀康找到了房东婆婆，房东婆婆当时还在生病，在看到郑秀康做的鞋之后，婆婆拿出了自己的 500 块钱。拿到钱后，郑秀康立刻马不停蹄地奔向原料市场买原料。回来经过房东婆婆的门口，听到里面传出一阵争吵声："妈妈！这是爸爸里给你养老的钱，你怎么能随便给别人呢？更何况他的鞋厂还不知道怎么样呢！他家庭条件也不好，这以后怎么还我们钱呀？"

然后房间里传出老婆婆坚定的声音："我从小看着秀康长大，这孩子做事踏实认真，又有出息，借钱给他，不会错的。"这句话让站在门口的郑秀康流下泪来，他默默发誓，自己一定要努力，让相信自己的人不受伤害，他很快就把老婆婆借给自己的钱归还给老人家。

郑秀康做的鞋火了之后，他就慢慢地想着要机械化生产皮鞋了。可是那时候建成一条生产线就要100多万元，从哪儿筹钱去呀！郑秀康又遇到了难题，自己小手工作坊赚的钱远远不够。这时候他的亲戚朋友们开始行动了，大家纷纷将自己家的房产证和地契交给郑秀康，依靠着这一尺多厚的房产证和资料，郑秀康从银行贷出了50万元的款项，成为温州第一家利用机械化技术提高生产力的企业。郑秀康说："这次投资很重要，我们康奈鞋业开始慢慢走向高端市场，为以后的商业活动打下了基础。"

"我很小的时候，父亲就很忙，经常很久都看不见一次，"郑秀康的女儿郑莱莉说，现在她已经是康奈集团的副总裁，主管集团营销。"但是爸爸很重视我们的教育，听我妈妈讲，我刚刚学会走的时候，父亲就教我跳舞。我们俩一起，玩得很开心，但是当时我太小，不太记得。听妈妈说，我们唱的是《我爱北京天安门》。"

等到孩子们长大后，郑秀康一如既往地专注于他们的教育。女儿郑莱莉大学本科读的是天津财经大学，毕业后又去长江商学院读了EMBA。郑莱莉的弟弟郑莱毅高中毕业后留学于英国莱斯特大学，专攻皮革设计工艺，现在任职于康奈集团副总裁，英语很好，在企业做管理方面的工作。

说起康奈集团的大事，郑秀康笑着说2004年8月28日是最不能忘记的大日子。那一天，国务院温家宝总理在浙江省委书记习近平的陪同下前来参观康奈工业园。对于郑秀康来说，这一幕让他想起来就激动。当时在康奈的宣传栏上，张贴着康奈参加奥运会的照片，温总理看到问郑秀康："你去雅典时，见到了萨马兰奇?"郑秀康详细地向温总理讲了事情的经过，温总理拍着郑秀康的肩膀说："你们做得好!"

"对我而言，最大的乐趣就是工作，人家李嘉诚都80岁了还工作，我比他年轻，而且努力总会有价值的。"郑秀康憧憬地说。

39. 孙佩珍：白手起家，创造文具连锁超市

对人们而言，成功是努力，是奋斗，更是愿望，但是有的人却认为，有这些远远不够，对她而言，成功是一种选择。这位就是史泰博江苏佩佩办公用品公司的总经理孙佩珍女士，在她眼里，选择成功的时候也意味着做好了与挫折和困难相伴的准备。从一无所有到创立江苏佩佩文具连锁超市公司，再到联合世界500强企业之一的史泰博。孙佩珍成了中国文具界的领头羊，每一次前进，孙佩珍都会以自己准确的判断、敏锐的商业直觉抓住每一次成功的机会。

孙佩珍的朋友们说，孙佩珍是一个很不服输的人，这个特点和孙佩珍有交往的人都会感觉到。她总是被第一的光环笼罩着，毫不夸张地说，优秀就是孙佩珍的代名词，她对一切都怀着有高度的负责精神。孙佩珍的老同事认为，她本来就是个做大事的

人，是应该成功的。

如果非要用一句话形容孙佩珍的成功秘诀，就只有“天道酬勤”了。十几年来，孙佩珍每天工作达 12 小时以上，从无例外。从一个普通百货公司的经理到行业巨头，从小城走向世界，孙佩珍成就了一个又一个的传奇。

在中国选合作伙伴的时候，史泰博高层的人这样赞叹：20 年后，江苏佩佩文具用品公司就能成长为一个像史泰博一样的世界企业。他们之所以选择它，就是因为从创始人孙佩珍身上看到了未来的市场潜力。他们欣赏孙佩珍坚毅、隐忍的品格，觉得自己无法放过这么好的合作伙伴。

因为孙佩珍年轻时修的外语专业是俄语，所以对英语一窍不通。每次和美国的高层开会时，都要带翻译。但是让高层们惊奇的是，听不懂英语的孙佩珍很容易领会到会议精神，并在以后的工作中做得很好。问及原因，孙佩珍笑着说：“找到目标再去付诸行动就很简单了。”

2005 年 12 月，江苏佩佩文具用品公司迎来了发展的新时期。世界 500 强的美国史泰博和江苏佩佩文具用品公司强强联手，组成史泰博江苏佩佩办公用品公司。在太仓，佩佩文具用品公司开创了零售业和世界 500 强合作的先河。提及这一段往事，孙佩珍笑了：“发展在预料之中，但是没想到会这么快。”

美国史泰博堪称世界办公文具的高峰，不管从经营理念还是经营模式上讲，都已经十分成熟，是世界办公文具的高端企业。连史泰博都认为江苏佩佩文具用品公司会是 20 年后的史泰博，从中可以看到其所拥有的市场潜力。但是，20 年的差距也是不言而喻的。

当世界500强公司选择的合作伙伴是一个刚起步的民营企业时，这种压力就体现了出来，毕竟技术条件和经营理念相差得太大。总经理孙佩珍对员工说：“如果我们不改变，我们只会是史泰博的替身；只有改变，才能跟上史泰博的步伐，才有可能超越。”

为了能够形成成熟的企业模式，孙佩珍带领员工多次接受了史泰博的工作培训，不断地学习经验。公司的员工们说：“我们去学习的时候，经常能见到孙总在认真地听课做笔记，她比我们还要努力。”

自此，佩佩文具用品公司也改变了自己的办公方式。以前，孙佩珍联系员工的时候，都是直接叫来办公室，很少打电话通知事情，也不怎么接触网络，所以连计算机都不用，凡事亲力亲为，去现场检查、指导工作。现在，公司将数字化管理推上日程，孙佩珍一般通过公司的管理系统直接完成日常管理的事物。“我没有想到，我最后会依靠计算机管理。”孙佩珍说。

孙佩珍说最让自己自豪的是，她把和自己一起创业打拼的晚辈们送上了更高的舞台，让他们体会世界500强企业的氛围。以前的时候，大学是精英教育，一个公司有几个大学生很困难，但是现在孙佩珍的公司里，每一个零售网点都有大学生工作。

说起和史泰博合作后的变化，孙佩珍说制度变了，以前公司实行的是制度化管理，合作后，引进了史泰博的目标管理机制。孙佩珍幽默地说，对自己的目标考核除了经济目标外，还要看自己的团队竞争力，如果这支团队没有竞争力，她这个老总也到了该下岗的时候。

看着江苏佩佩文具用品公司的零售网点开到了全国各地，看着公司员工有条不紊地处理着自己手中的工作，看着公司业绩节节攀升，人们就知道这个孙佩珍一手经营起来的民营企业正发生着翻天覆地的变化，以越来越先进的姿态屹立在业界。

有人说在现代的社会压力下，做自己喜欢的事情几乎是不可能的，但是对于孙佩珍来说，这就是生活，不管可能不可能，只要是自己想做的，就一定要做到最好。走进孙佩珍的生活，就会感叹她就是一位强者，无论是外露的锋芒还是内敛的能力，都散发着成功企业家的自信。但是从另外一个角度来看，孙佩珍不过是一个普通的女性，也有女性简单的容易满足的愿望。

尽管事业上做得风生水起，可是孙佩珍最大的愿望是开一家女性用品公司，不以盈利为目的，在工作中寻找美、发现美，最后完成升华的过程。这样的人生，也有别样的风采。

人生不是为了得到，而是行走，怎么走和走怎样的路都是靠自己选择的，不求最后有什么丰功伟绩，只希望在偶尔停下来回头看的时候，对自己笑笑，觉得不虚此行。拿起背包还有想走就走的勇气，这才是最重要的。就像孙佩珍一样，只有争取过，才有机会得到。

她也许是一个指点江山的成功者，也许是一个享受天伦之乐的母亲，孙佩珍到底是谁，要看她扮演的角色。

40. 文川：迷路的灵感让他赚了30万元

知识分子是怎么赚钱的？有一个人动了动脑子，就成了千万富翁。这个人就是文川。

说起自己的创业历程，文川自己都觉得有些不可思议，作为一个名牌大学的博士生，自己最应该走的道路是在科研路上默默钻研，怎么也不能成为一个企业家的老板，还涉及设计、机械等多个领域，用自己的智慧创造一笔又一笔的财富。

1989年的时候，刚从武汉大学哲学系毕业的文川分到了广州工作，充满活力的年轻人好奇地看着这个陌生而发达的城市。为了更快地融入这个城市，每天下班后，文川都骑着自行车行走在广州的大街小巷，欣赏这个城市的人文景观和自然风光。

但是因为对城市不熟，乱转悠的文川在广州的小巷子里迷路了，文川觉得这事儿不应该呀！自己是个方向感很强的人，这次迷路让他觉得很不开心。于是他就找了一家很有名的建筑物，拿出地图，想确定一下自己所在的位置，却发现这种地标式的建筑地图上没有。

由于文川当时是骑车出行的，也不方便乘车，就只好边找站牌边问路才回到家中，这时候已经很晚了。又累又饿的文川很郁闷，为什么这些有名的建筑物在地图上找不到呢？他想，要是完善一下地图，将所有的商业地标式的建筑都标在地图上多好啊！这样就不会有人迷路了。忽然灵机一动，既然要做，这个人为什么不可以是我？造出来还可以卖钱，这是很好的商机啊，文川开心得忘了疲惫，一晚上都在琢磨着这件事儿。

第二天，文川就把自己的想法告诉了几位同窗好友，有人支持也有人不屑，有同学嘲笑他："这能赚几个钱呀？"文川自己也不知道能否成功，就放下了这件事儿，但是心里还在默默地琢磨。有一天他忽然想起，要是让这些入选的建筑竞争一下不是更好吗？这样能不能赚钱呢？

说做就做，文川马上将这个想法做成一个方案，去找一位做文化公司的校友帮忙，那位校友也觉得这个计划可行。两人商议，决定让每个入选单位出资 500 元钱。先由文川拿着地图去尝试一下，找几家入选的单位谈谈。第一次谈的时候很顺利，老板不仅愿意出 500 元钱，还表示希望在自己的宾馆名字前做出宾馆的标志。这次的成功让文川大受鼓舞，他看着自己手中的协议，觉得看到了希望。

为了快速达到目标，文川找了几个同学，成立了一个小组，动员大家都来做这个，文化公司表示每做成一个单子，提成15%。

就这样，文川和自己的同学们奔波在广州的大街小巷，为自己的第一份创意努力着，有时成功，有时也会遭遇拒绝。尽管如此，文川每天的纯收入都破了1000元的大关，在经济并不发达的20世纪90年代，这可是一笔不少的收入呢！

广州这边的生意做得如火如荼，文川又动开了脑子。这地图广州需要，其他的城市肯定也需要，要是把这种地图推广到广东的每一个城市，是不是能够赚更多的钱？文川越想越兴奋，觉得自己眼前有一座等待开采的金矿，自己就是这个金矿的发现者。这么大的动作，文化公司的影响力已经不能完成了，文川找到广东省投资发展研究中心的负责人，把自己的方案递上去，他们很感兴趣，认为要是做好了，这可是对外宣传广东省的活字典啊，不但能够集册出版，还可以带动产业发展，这是一举两得。就这样，文川得到了省政府的支持，以后每次办事的时候，都带着省政府投资发展中心的公函，这样果然方便多了。

现实证实了文川的想法，也验证了他的成功。文川首先带着自己的创意去了清远，只在那边忙活了7天，就签下了12万元的大单子。这成功鼓舞了文川，接着他又马不停蹄地去了汕头、茂名、湛江等一些大城市，将自己的想法推广出去。每签一个单位，他都要在地图上标注一下具体位置，方便以后制作。

40. 文川：迷路的灵感让他赚了 30 万元

等他获得人生的第一笔财富之后，文川就开始计划自己的事业。在 1992 年的时候，文川在广东注册成立了南方文化发展公司。

南方文化发展公司成立之后，文川开始为自己的公司寻找出路。文川发现当时每年的广交会举办得异常火爆，每年广交会期间约有十万人聚集广州。他觉得如果可以为广交会策划一些主题，并和电视台合作播放，这不是很好吗？文川又一次发挥了自己说走就走的优点，决定在广交会期间策划 100 个“走向世界的中国”的宣传片，希望能让世界了解中国，同时也把伟大的祖国推向世界。

文川开始了自己公司的第一个创意，他从摄影公司借来了摄影师、演员和设备，紧锣密鼓地实施起了自己的计划，奔赴各地取景拍片。文川用一年的时间，完成了这个艰巨的任务。为了提高宣传片的质量，文川在做的时候要求尽量完美，他还凭借深厚的文学功力自己写解说词。这些片子在面试以后被电视台评为免检片，并给公司带来了 600 万元的营业额，直接将文川推向富豪的行列。

做文化的，最重要的就是适应市场的变化，嗅到市场的最新需要，才能想出好点子。1994 年的时候，文川将公司交给自己信任的人，自己回到武大继续攻读博士学位，并在次年顺利博士毕业，这次的进修为文川以后公司的发展打下了坚实的基础。1995 年，文川将自己的公司改名为“巨慧”，希望用巨大的智慧让公司发展得更好。

在文川的带领下，他的巨慧公司发展态势蒸蒸日上，不断奋斗的文川又将目光投向了手表业。那时候，国内的手表业已经迎来了寒冬，很多手表公司相继面临破产，大家跑都来不及，文川却想进军手表业，这让业内人士很不理解。

1995年快要过完的时候，胸有成竹的文川开始进军不景气的手表市场。他收购了一家手表厂，但是却决定不去做品牌表。文川觉得品牌表要投入的资产太大了，自己一下子拿不出来那么多钱。怎么办呢？文川有了新点子：就做行业表。

巨慧公司所做的第一笔和手表有关的生意，就将目光放在了解放军建军100周年纪念上。1997年，文川把握住解放军建军100周年的机遇，制造了一批军表，只给《解放军报》投放了广告。结果让所有人大吃一惊，在短短的一个月里，文川公司所造的几万只手表销售一空，利润自然不言而喻了。

紧接着，文川和公安部合作又推出了中国警表，做了一句朗朗上口的广告词："中国警察戴中国警表。"最后的销售怎么样呢？调查发现，每十个警察中，就有一个人戴中国警表。创意不断的文川又接连和中国人民保险公司合作推出"中国保险表"等一系列行业表。1999年的时候，适逢新中国成立50周年，文川公司又造出新中国成立50周年纪念表。这些行业表支撑着文川的事业一步步走向巅峰。

对于智慧的文川而言，没有一个行业是有终点的，甚至连一些行业的坚冰期，都会成为巨慧公司的新开始。接下来，文川又进军服饰设计、创业公司等领域，赚钱的点子一个接一个，让人羡慕又佩服。

文川成功的原因，也许是因为他永远走在变化多端的市场前列，精确的市场判断给了文川一次又一次成功的可能。

一个哲学系的博士在商海里玩得风生水起，是人们没有预料到的，又有谁能想到，这一切都是阴差阳错的选择呢？

41. 沈润生：将蚕豆放到网上卖，一年赚过千万元

甘肃省生产的蚕豆销售时间比较长，新蚕豆能从当年的8月份上市一直卖到第二年的6月份才算完成，前后两年的蚕豆供货期大多是紧密相连的，因此它的生产加工一年四季都能进行，一点都不受季节变化的影响。传统的加工手段一般都是纯手工的操作，蚕豆这类农副产品的加工亦是如此。

武山县是甘肃省的一个小县城，这里的农副土产、特产闻名全国，在这里出现了一个传奇式的人物，这人便是沈润生。他是个50岁左右的男人，为了生活当过底层工人、东奔西跑地做过业务，也曾出任过老字号的国企经理，但国企制度改革端了他的大锅饭。为了谋生，他便自主创业，现在在西北地区也是一有头有脸的加工厂厂长。

沈润生的工厂虽然位置偏僻，处在西北边陲，他也年纪一大

把，但他可是一个赶超潮流的人物，也干出了不少夺人眼球的新鲜事。

1999 年，那个时候的电脑还是最早的型号——386，对于一般人而言那可是个天价的“高级”电器，可沈润生却花了万把块钱成为武山县最早拥有和使用它的人。

阿里巴巴是世界闻名的信息化网站，2000 年，沈润生就利用它给自己的产品做过不少宣传，让会用电脑的人都了解了自己经营的产品。

上海是国际化大都市，这里的人做生意那可都是很精明的。2001 年，掌握了信息化销售的沈润生就隔着几千千米用计算机和大都市的生意人达成了交易，虽然仅仅只有 5 节火车车厢，但那也足够令西北地区的人们刮目相看了。

2002 年，“诚信通”刚出现的那时，沈润生就抓住先机成为它的会员，成为第一批“吃螃蟹”的人。

打开了国内市场，沈润生又不安于现状了，他想起要是与蓝眼黄发的老外能搭上线那就好了。2004 年，通过公司原有的网络信息基础和他的多方努力，终于拿到了自营出口权，真正把他的小企业送进了国际大市场。

利用“诚信通”这一平台，沈润生的销售信誉有了保证。大部分的业务都走这一通道，2005 年，沈润生光卖去皮蚕豆都卖了1000 多万元。

沈润生说，这几年，厂子的客户群也发生了不小的变化，起初那些只能提供低利润的老客户已经基本上都被他淘汰了，现在公司所有的客户都来自网络。厂子也从原来的小作坊的模式扩展成了大工厂，产品在数量上也从原来的500吨增长到了现在的5000吨，增长了10倍。产品数量多了，工厂大了，员工多了，可沈润生的销售人员比例却没有增加，反而越来越少了。他说，这就是网络的作用，这就是“诚信通”的奥秘啊！现在的产品销售再也不用东奔西跑了，通过网络就可以做买卖了。

2001年，一家来自上海的利用蚕豆制作罐头的公司通过阿里巴巴与沈润生搭上了线，多次交谈后，对方携款从上海远道来到甘肃参观他的工厂。沈润生和对方的第一单生意就是300余吨蚕豆，运输时合计有5节火车车厢，总共人民币达到50万元。2004年，沈润生又与这家公司达成合作意向，卖给对方19节火车车厢达千吨的产品，总价格达到200万元。而且以后差不多每月都向沈润生下订单，采购量一般都在1~2节火车车厢。

厂子越做越大，和沈润生合作的客户也越来越多，但他对人的态度却从来都没有改变过。说起待人之道这一方面，他讲述了自己脑海中印象最深的一件事：

“在2003年的春天，一家来自河北石家庄的公司了解到我们厂是加入了‘诚信通’的商铺，希望有机会与我们合作。通过网络在线与其谈好价格，他们便委派了两名验货员来甘肃专门到我们工厂协助交易事宜，在我们这里一住就是十多天。

“他们在我们这里购买产品主要是为了销往国外，因此在质量方面要求更高，因为我们是首次合作，他们希望能在品质方面亲自把关，因此亲自到我们这里来查看加工的工作流程和进度。

“我向来是客户怎么说，我就怎么做，尽可能地达到客户的要求，诚信是经商之本，但是诚信并不是说说而已，而是要真真正正地做出来的。

“他们在来我们厂的一周后，我们就为他们加工完成了第一批产品，总重为 3 吨，他们派过来的人爽快地在验收书上签了字，而且其中有位还随口说道，‘老沈，如果你们在加工过程中把产品再做得精细些，这样的产品品质将更能获得 120%的优秀保障’。

“他说的时候可能没怎么在意，但我却把他这句话记到了心里。他这样说，肯定说明我们的产品品质还有改进上升的余地。后来我和厂里工人说多加会儿班，重新把他们要的那批货深加工一下。我是希望客户能回去之后对我们的产品交口称赞的。

“他们隔天来我们厂拿货的时候，发现原来放在仓库里的那批货不见踪影时，表情相当讶异。当得知竟然是我们拿回去重新返工，而且保证会按时按量完成。他们再见到我时拉着我的手很激动地说：‘大哥，对于我们随口一说的话，你都如此记在心上，和你合作我们真是十二万分放心了。’

“通过这段时间的相处，我们厂和这家公司的友谊可谓是越来越深了。现在我们之间的交易开展起来较之前更为默契，例如，我们这边把产品加工好，装上车，对方知道火车车次号和车厢号，收到提取单号就会把货款给我们打过来。”

沈润生在拿到了自营出口权之后，他就和外商搭上了线，将农产品蚕豆做起了国际生意。

“因为我是‘诚信通’会员，基于这一点，我们厂又多出了 5 位海外客户，其中通过阿里巴巴英文网站结识的就有 4 位。

“第一位海外客户是墨西哥人，他下的订单总金额达 4 万美元，使用 3 个货柜出货。

“第二位是在香港经过辗转通过代理商才与我们接洽到的美国客户，他找我们采购的是青海蚕豆，合计金额有 10 万美元。

“第三位是西班牙客户，他比较谨慎，是直接来我们厂考察后才下的 3 笔订单，总计 4 万美元。

“至目前为止，交易成功了、订单金额多达人民币几十万元的葡萄牙买家是我们委托外贸公司在网络上联系而来的，他是我们的第四位海外客户。

“因为网络的世界通用性，我们厂的产品仅蚕豆就应该在以后能去往世界更广大的区域和地方。”沈润生作为农民企业家，他表现出来的是真诚和质朴的品质，他的成功来自他前卫的企业理念、开阔的销售眼界、独特地拓展市场的能力。通过网络这个平台，沈润生将生意从西北内陆省份甘肃发展到了国内各地，又将市场从国内转向世界。中国众多农民企业家的商业发展轨迹大都在网络的应用下得到了长足的发展，网络在世界各地越来越普遍，只要充分运用，就能带给人们意想不到的收获。

42. 王旭宁：用 15 年让九阳豆浆机占领八成市场

九阳集团公司股份中的 49.71%掌握在其公司的 20 多人手上，这些人中包括九阳最初的创业团队、公司高级管理人员以及研究发展中心的骨干力量。在这 20 人中，王旭宁、朱宏韬、朱泽春、黄淑玲这四人组成的创业核心力量所持有的财富已达 46 亿元，而在个人账面上，王旭宁的财富总值达到 26 亿元。另外 16 位高级管理人才和骨干人员的身价也是羡煞旁人的，均价高达 9158 万元。

王旭宁，1994 年从北方交通大学毕业，而享誉中外的九阳豆浆机就仅仅是因为他一个最简单的生活爱好——爱喝豆浆而来的。

九阳集团股份公司在商场上最吸引人眼球的就是细分市场，而这一市场却是其自己创造并培育出来的。与其他电器品牌不同的是，九阳是看重文化底蕴的，它利用老百姓大多喜欢喝豆浆这一点来建立细分市场，并在推广自己的产品时推崇“健康饮食”这一时尚的理念，让人更深入地了解“民以食为天”这一古语。九阳虽然以豆浆机为品牌，但它并没有为了盈利而乱来，其投资在设计推广在机型上的费用很少，大部分的费用都花费在普及如何喝豆浆来养生方面。

九阳一方面在国内最先建成了专门研究豆浆营养的研究室，而且从民间搜集了大量的制作豆浆的配方，为市场消费人群提供了更多的关于豆浆方面的健康食谱；同时在别一方面，它还利用多家媒体的力量来大力宣传大豆及豆浆方面的营养知识，为推广国家向全民提倡大豆营养方面的行动提供了更大的助推力。为更好更多地能卖掉自己的豆浆机，九阳将豆浆食谱载入宣传豆浆机的各类广告中，进一步地让消费者理解并认同“健康饮食”这一理念，令其更加深入人心。

全国豆浆机的销售在 2005 年到 2007 年这三年间总共销售共计 1030 万台，而九阳的豆浆机销售比例则占到了全国市场的 80%。九阳把豆浆机作为公司的主打产品后，其经济呈现了前所未有的快速发展，在这三年内达到了 66.1%的复合增长率，且在 2007 年获得了 36.4%的毛利率。九阳豆浆机中的商用型系列所获得的毛利率为 79.8%，而家用型产品则收获 45.67%的毛利率。九阳依靠豆浆机在国内市场上所处的主导优势地位，进一步将产品类型扩大到了豆浆机这一主打产品的其他领域。针对产品具体的涉入面向上关注豆类行业，在卖豆浆机的基础上通过使用销售、赠品、演示等不同的手段和方式也大量出售豆料，如大豆、花生、黑豆等。

2007年九阳在广告方面投入了其公司在创立以来最多的一笔资金，总计金额差不多达到1亿元，这一投入使其获得了中央电视台连续7个月的标版广告，而最值得一提的是这广告处于“新闻联播”后。同时，为了令九阳豆浆机更深入消费者的心，进一步推广其广告的力度，九阳还将主打产品豆浆机这一类的产品投放到了多家大型的连锁超市，利用促销等手段进行现场销售，与其合作的超市、电器专卖店等主要有大润发、沃尔玛、国美、麦德龙、苏宁、家乐福等9家。经过这一席卷国内市场的宣传，越来越多的消费者都购买并使用了九阳的豆浆机，而且多次购买该产品的人也不在少数，可见九阳豆浆机已经深深植入消费群体。

九阳最引人注目的是其核心团队。他们在技术、资本、营销、管理方面都走在前列。

九阳现在最高股份的持有人在招投说明书中显示为核心团队的四人，即王旭宁、黄淑玲、朱泽春、朱宏韬。但事实上，王旭宁认为如果从最初的在山东建立的九阳公司雏形来看，这个最有能力的团队还应有必不可少的一位干将，因为他是九阳从杂牌走向正规军的关键人物，而这个人就是许发刚。

原九阳公司总裁就是这位已急流勇退的许发刚，借助上海力鸿及山东祥鼎两家公司，他个人在九阳公司所占资金总额超过黄淑玲。可以说他对于九阳的长足发展和在营销方面所表现出来的能力令九阳公司走上了一个新的台阶。他在九阳公司走入康庄大道后则隐退。

九阳公司最初成立于山东，是2002年5月原九阳公司核心团队的五人，为了在厨房小家电这一领域实现长足发展而共同投入1000万元成立的。现任九阳最高领导的王旭宁自己就获得了国家多项关于豆浆机方面的专利；主管豆浆机研发事项的是朱宏韬，他既是上市公司监事，又管理着上海富维；原九阳集团的前身归黄淑玲管理，同时她还兼任上市公司的副董；九阳股份负责技术的主要是朱泽春，他同时还是九阳的董事。这几人中，王旭宁和朱泽春毕业于同一所院校。

黄淑玲认为，王旭宁有着全自动型豆浆机的发明专利，他是九阳的主心骨。而其他四人在对公司的生产方面、技术方面、市场及管理方面各有擅长，则各负其责。人多嘴杂，特别是在工作中，因此关系非常好的五人也常常因某些意见不同而闹得脸红脖子粗，但真正长时间未见，各人心里都非常想念。工作之外，5人经常聚会交流，感情堪比亲兄弟。核心团队的5人在公司的治理方面是有原则的，其中最重要的原则之一就是正确地对待骨干员工，认为不仅仅需要他们在工作中努力，同时也给予他们良好的奖励，九阳股份的股权同时拿出一部分分配给公司的中高管理层和技术及市场的各类骨干精英，令其有付出则有所得，使得公司高层团体更为稳定且人心所向。利用远大眼光和奖励机制的核心团队成为九阳股份经济不断增长的保障，奠定了九阳股份持续发展的基石。

针对上面所表现出来的九阳股份的高层情况，使其在业内名声大噪，夺得众多市场奖赏。原九阳股份公司被多次评价为中国最具有可持续发展性中小企业的“未来之星”；2004年，九阳股份被誉为“十佳企业”，而2005年则跃升为了国内发展最有潜力的百强企业。

王旭宁说，九阳股份的目标是走在小家电四大行业的尖端，成为领头羊。在保障豆浆机占领市场主导地位的同时，九阳开始了小心谨慎地向与其相关联的产品多元化发展，希望能成为抢占小家电行业内的领军人物。小幅度扩大区域得到了良好的收益。到目前为止，九阳豆浆机继续大比例地占领市场份额，此外，其在料榨行业也抢得高地，用超过30%的份额居于第一；其他产品如电磁灶等也都获得了不错的市场份额。

为降低风险，九阳在新产品制作试用和市场初期投入上都采取其特有的OEM模式。等产品走入成熟阶段时即改变为ODM模式，实现研发、生产及销售一条龙，借此抢占国内市场。这样，其就能保障产品质量。九阳借助ODM战略，在与有实力的企业的较量中获得了胜利。

九阳不仅仅是利用自己先进的技术垄断了市场，同时还将自己的专利优势在豆浆机这一行业独占鳌头，令后来者只能望尘莫及。现在九阳拥有6项专利发明，38项实际应用专利及71项设计专利。另外，它还获得了53项专利申请权限。这些技术专利打造了九阳的尖端产品，令其在市场的较量中拥有牢固的阵地。

43. 徐思清：开网店创业的大赢家

淘宝的诞生，让很多人都有了创业的平台。有的人说它是一家电子商务公司，有的人说它是一家商业公司，而淘宝上的店主都说它是一家神奇而又伟大的公司。它为人们创造了无数个创业机会，无数个就业机会。

徐思清，四川达州人，毕业于重庆某校的电子工程系，2000年毕业后选择去了深圳。那时徐思清根本就没有想过以后会创业，他只是想找一份稳定的工作平平淡淡地过日子。由于刚毕业没有什么经验，更没有背景，生活陷入窘迫的境地。

徐思清在深圳期间，曾在两家电子公司做过技术员。2004年后发生了一些情况后离开深圳去了福建，并在一家电脑配件公司找到了一份市场调查员的工作。一段时间后，有着敏锐观察力的徐思清发现了传统销售模式的一些弊端，比如：传统的销售模式渠道很窄，有很多局限性，竞争也很激烈等。徐思清反复思考后，找到了一条新出路，那就是尝试一下电子商务销售模式，也就是那个时候他开始注意到了淘宝网站。

徐思清通过《天下无贼》里面的二号男主角傻根王宝强为支付宝做的代言，初步对网络支付宝的安全性和可靠性有了一定的了解。那时，在网上各大门户都没有发现关于支付宝的广告，但徐思清还不着急。直到次年初在梁朝伟主演的一部名为《韩城攻略》的电影片头中，再次看到支付宝广告。再加上对淘宝网也有了进一步的认识，徐思清就开始有了涉足电子商务的信心。

于是，徐思清把他的想法一五一十地告诉老板，很快就得到老板的支持，决定开辟电子商务销售渠道。这是他第一次在淘宝上开店，没有什么实践经验和信誉度，导致他在开店不满 2 个月的时间里，远远达不到之前与老板协议的销售预期。最后公司老总只好放弃网络销售这一条渠道。

老板对网络销售失去了信心，但徐思清并没有，他在接下来的两个月中不断地探索，发现了网络购物其实是有很大市场的。于是，他毅然地向老板提出辞职申请，不久后，他走上了创业之路。

徐思清正式注册了一家属于自己的网店。俗话说，万事开头难，而对于一个刚开始创业的人来说，更是难上加难。徐思清在回忆起创业之初的艰难情形时说：“一个人干完所有的工作，包括找产品、拍照到产品上架，每天工作到凌晨。虽然做了很多工作，但销售业绩还是没有上升，生意很难维持下去。”说到这里，徐思清显然不想再提及过去那些步履维艰的日子。好在目前他已经稳居淘宝 MP3、MP4 产品类销售量前三名。当提到他如今的这些成就时，脸上不由自主地露出了笑容。这也让人们看到了一个事实：付出总是会有回报的。

当问到他的第一笔生意是怎样做成的时，徐思清很激动地回答道；“开店后的第一笔生意，是用旺旺接待的一位客人，那时那个客人的信誉度已经有十几级了，他说他想要买一个鼠标，我们谈了好久，最后以低于成本价 20 块钱才谈妥价格。不过当我说是用 EMS 发货时，他嫌时间太久，决定不在我这购买了，就这样，第一笔交易泡汤了。”虽然这笔交易失败了，但让他得到了一个很好的教训，增加了他在顾客提问和发货这方面的经验。

淘宝店主的命根子非信誉评价莫属。虽然说一个好的评价并不能够给店里带来很多生意，但是一个差评却会让店主白白丢了很多生意。当别人问他看到好评和差评是什么样的感觉时，他打趣地说；“当看到客户的差评时，和小时候考试不及格的感觉是一个样的，都是难受。”

徐思清这样解释道：“没有哪一个厂家可以保证自己交付出去的电子产品在运输或使用过程中，一丁点儿问题都不会出现，所以我们也无法避免中评或差评的出现。每当遇到不是好评时，我们就会思考我们在哪些地方做得不好，会及时想办法改善不足，并尽全力去弥补我们的不足和满足客户的需求。我们的宗旨就是全心全意地为顾客服务。”

面对当前的经济形势，徐思清表现得很乐观。他说不管在任何时候，总是有人赚，有人赔。当然这多多少少也会受到金融危机的影响。很多创业家在面对不景气的经济环境时都表现出很迷茫。而徐思清说，在这个非常的时期，我最大的建议就是创业家一定要坚持、不放弃，不抛弃，只有这样，困难才会过去。

44. 张大中：以500元换取36亿元的煤气灶清理工

1980年8月的一个星期天，一个煤气灶清理工——张大中出现在北京市甘家口国家经贸委的住宅楼下，只见他背上背着一个军绿色的破包，手上高举一块写着“刷煤气灶”以及用稍小一号字写的“八毛钱一个”的牌子，在烈日下来回走动。破包里装着的是他用来赚钱的工具：装着清漆、烧碱、银粉的瓶瓶罐罐以及一大块抹布。

那时国家还没有开始执行双休日制度，每周能休息的只有星期天。街上的小贩都很罕见，也没有任何往小区里塞小广告的人。当时很多人都觉得在国企里谋到一份稳定的工作是一件天经地义的事情。

这个刷煤气灶的小贩穿着干净的衣服，背着一个“装备”齐全的破包。楼上一位大妈朝他招手喊道：“上来吧。”就这样，张大中以 500 块钱的成本开启了平生第一单生意。

那时的北京，普通家庭都是用一个砖砌的煤气灶台，时间长了，就会被熏得很黑，张大中先是打开背包，拿出抹布清理一遍灶台，然后在灶台上抹烧碱后用水清洗干净。这只是第一步，重头戏在后头，把银粉和清漆按一定比例混合后均匀粉刷上去才算完工，而这道工序是这活的核心。八月酷暑，年轻的张大中干完活后已经汗水淋漓，一天时间下来，刷完了 10 户人家的灶台。

夕阳西下，拖着疲惫不堪的身子回到了家，张大中算了一下今天的账：总收入 8 元，成本花去六七元，一天下来，骨架都快散了。

于是，这成了张大中第一次也是最后一次干的这活。从入行时的满怀自信到退出时的狼狈，整个过程中，张大中只赚到了 1 元钱及能够能给家里刷几次煤气灶的材料。

张大中当清理工并不是因为他没有工作可做。刚好相反，他那时有一份相当不错的工作——在一个供销社里当电工。那个供销社挺大的，卖由国家管控的调味料（油盐酱醋），每月工资 30 元。“那种生活一成不变，坐在那里一眼就能看到自己老后的样子，一算就可以知道自己一辈子的工资，有多少的工作，让人心生绝望。”张大中回忆说。

这一年，张大中刚过而立之年，，插队回城不久，并在同学的介绍下有了对象，500 块钱就是结婚后剩下来的作为“干其他事”的启动资金。

因此后来就有了 1980 年 8 月的那个刷煤气灶的清理工。“我觉得，不管做人还是做事，都要比别人多看半步，别人没有想到要做生意时，我已经开始了。当看到刷煤气灶没有‘钱途’时，我立马不干了。”26年后，张大中再次终止自己的一项生意，不同的是，当年的煤气灶清理工摇身变成身家过亿的老板，需要处理的后续资产比原来做刷煤气灶时剩下来的资产不知道要多多少倍。

看到刷煤气灶挣不了什么钱，张大中并没有停止“干点其他事”的想法。两年后的冬天，他在自家厨房里做了60台落地灯，这成为张大中经商盈利的转折点。

那时正是一个物资匮乏的年代，虽然张大中的60台手工落地灯是“三无”产品，但还是被居民们抢光了。那时，张大中在商场里卖出了8个落地灯，一共缴纳税款2.4元。谁能想到，在20多年后，他把大中电器卖给国美，收益36亿元，所纳税款5.6亿元，是国内一次性缴纳个人所得税最多的纳税人。

最后，那60台落地灯一共赚了160元。这对于当时月薪只有30元，还要把24元交给妻子过日子的张大中来说，是一笔数目非常大的钱了。这笔钱对于他来说，最大的意义不在于是多得了半年的工资，而是让他更加坚信他能够靠自己的努力去做一番大事业。

1982年年底，张大中毅然向单位领导辞职。不论是用当时的还是如今的眼光看，那都是一封非常有个性的辞职信——因为这份工作与本人理想不符，我决定辞职，请领导予以批准。那时，张大中不顾供销社的领导和岳父岳母的好心相劝，铁了心要辞职。

做落地灯生意没多久，张大中又发现了另一个赚钱途径：他一个朋友的单位有一批积压许久的、可以用来做音响放大器的电子元器件，可以买来做东西。他高兴得像获得宝藏一样，用很低的价钱买下那批电子元器件后，用自己的电子知识将其做成一批音响放大器出售，物资匮乏的市场让“先走半步”的张大中再次获得丰硕的回报——放大器需求很大，他赚到了人生的第一桶金。

1982年4月，张记电器加工铺开张了，专门生产音响放大器，后来不断扩展相关业务，再后来改名为金钟音响厂，一直在运营，“每年还能赚到买一辆奥迪的钱。”

做了几年音响制作厂后，张大中发现，在北京商业有很大的发展前景。“北京属于消费型城市，制造业资金周转期很长，利润又低，我发现最容易赚钱的应该是做电器配件。”他马上把注意力集中到电子配件的销售上。

1986年，张大中的第一家电器配件门店开业了，虽然这只是在灵境胡同8号一间十几平方米的店铺，但丝毫不影响生意，很快他就攒下了四五万积蓄。他说自己和一般的小老板是一样的，有了点钱后就想存一部分，然后拿另一部分去投资。“我是按照传统朴素的道理在做生意的，不去冒险，我也不觉得自己比别人要聪明很多。”张大中说。

张大中从一个小老板变成大老板，他的那一次“违纪”应该算是一个转折点。

实际上，张大中的创业经历与改革开放的每一步都是有密切联系的，他的经历集中体现了那一代草根企业家的命运。1986年的一天，北京工商局来话说让他到局里“坐坐”，他带着忐忑不安的心情去了。说了很多，最后才知道自己“违纪”了，原因是他开了两家“张记电器加工铺”。在那时，政策是不允许开分店的，“连锁店”只是在资本主义国家才会出现的东西。

就这样艰难地过了一年。“1987年，国家政策允许开分公司了，你不知道我当时那个心情啊，复杂得很。”张大中深有感触地说道。

然而，真正让张大中的事业飞速发展的还是1993年在玉泉路开张的音响城。那时由于全国都盛行卡拉OK，因此做电子原配件、音响等电器生意是非常赚钱的。但此时，张大中又发现，在北京这么大的一个城市里，卖音响的都是一些小店，没有哪一家商店是大到能够集中销售所有的品牌、零配件的。

张大中决定要干就干大的。于是就把位于玉泉路一家几万平方米的商场租了下来，成立了大中音响城。

但是，这一次的想法并没有像以前那样有很好的收益。“理想是美好的，但现实是难以预料的”后来加入大中电器并跟随张大中打拼多年的大中电器总经理宋红说。刚开始搬去玉泉路时，因为名气不大，生意很惨淡：一天的收入，还不够付电费和付员工工资。

在满打满算的半个月里，张大中连觉都睡不着，每天都在想办法怎样去解决问题。这是他经商以来头一次遇到这么大的挫折。“当时也想过，如果实在赔不起了，我就回城里那个小零售店去。但想想又觉得很丢人，也无颜面再回去见那时和我一样在城里开小店的小老板们。”张大中如今回忆起来也觉得有点不好意思。

他还是决定咬紧牙关，坚持了半年后，他的音响城在京城老百姓间渐渐地有了一些名气，很多人都知道在玉泉路有个品种齐全的大型音响城。

后来，这个音响城不但经营音响，还代卖起家电，到后来发展成主营业务是出售家电。从此张大中踏进了家电生意的圈子，并且不断地在北京城各处开分店，最后大中电器成为北京家电市场里最大的连锁企业。

2002 年中央电视台店的选址，是体现出张大中从小老板变成大老板的关键地方。张大中直言，这个中塔店在整个大中电器中占有 40%的价值。中塔店位于玉渊潭公园西对面，是北京三环上唯一一个拥有大型停车场的家电卖场。2004 年后，这个店铺的年销售额均在 10 亿元以上，2007 年还达到了 20 亿元。它超强的盈利能力是大中电器所有门店都比不上的。

45. 陶华碧：大字不识几个的“老干妈”

在贵州，有一个总资产高达13亿元的民营企业，它的创始人居然是一个大字不识几个的农村妇女。这不是一则假新闻，也不是电影里面的历史传奇人物，这位农村妇女的名字叫陶华碧。她仅用了6年的时间就创造了让人们叹为观止的创业神话。

说起陶华碧这个名字，估计人们都会觉得很陌生，但说起“老干妈麻辣酱”，就人尽皆知了。因为“老干妈麻辣酱”是深受人们喜爱、家喻户晓的一款食品作料，而“老干妈麻辣酱”的创始人、董事长就是陶华碧。

这位淳朴的农村“老干妈”只会写自己的名字，字也不识几个，文件都看不懂。那她是靠什么方法去创立、管理这个拥有1300多位员工的大企业的呢？这当中又有什么“秘诀”和“绝招”呢？又有哪些是值得人们学习和借鉴的呢？

45. 陶华碧：大字不识几个的“老干妈”

陶华碧于 1989 年在贵阳市龙洞堡的街边开了一家专门卖凉粉和冷面的“实惠餐厅”。为了开这家餐厅，陶华碧省吃俭用了好多年，餐厅的店面也很简陋，其实就是一间用砖头盖起来的房子。因为陶华碧在卖的凉粉和冷面加上了特制的麻辣酱，所以来店里就餐的人很多，生意做得很不错。

有一天，陶华碧身体不舒服，就没有去买辣椒来做麻辣酱。她心想着：拌凉粉时用的作料不止一种麻辣酱，今天少这一种应该也不会耽误生意。没料到，顾客到餐厅吃饭时一听到今天没有麻辣酱供应，居然就不吃了。这时她就觉得很不解：怎么是这样的情况呢？莫非来我这里消费的顾客爱吃的不是凉粉而是自制的麻辣酱？而小店生意的红火是来源于这种麻辣酱？

聪明的陶华碧马上看到了商机，觉得这特制的麻辣酱大有市场，她便潜心研究如何做出更好吃的麻辣酱……经过了好几年的研究、试制，陶华碧做出了风味独特的麻辣酱。到她这里来吃凉粉的顾客往往会多买一点麻辣酱带回家，还有人专门来她这里买麻辣酱。虽然她的麻辣酱供不应求，但凉粉的生意却越来越糟糕。她又觉得很纳闷：再好吃的麻辣酱也只是食品作料，都不能当饭吃，顾客总买了这么多麻辣酱回去，能吃得完吗？

这一天中午，她的生意很清淡，一个客人都没有，原因就是特制的麻辣酱卖完了。陶华碧心里有些郁闷，于是把店关了后去看看别人是怎么经营凉粉生意的。她前后到 10 来家卖凉粉的店铺，发现这些店铺的生意都非常火爆。她仔细一看，发现了其中的原因了，这些店铺所用的麻辣酱都是“老干妈”制造的，看到这里，陶华碧整个人都气炸了。

她觉得怎么可以让自己苦心制作出来的麻辣酱去让别人赚钱，却让自己吃亏呢？隔天起，她的餐厅就不再单独出售麻辣酱了。很快，那些买不到特制麻辣酱的餐厅老板上门求陶华碧，还和她开玩笑说："你的麻辣酱这么受欢迎，直接开一家生产麻辣酱的工厂好了，不要再卖凉粉了。"这个玩笑给陶华碧带来了灵感，她想着："对呀，大家都喜欢我制作的麻辣酱，我可以趁这个时候开一家麻辣酱工厂呀，当一回小老板呀，不卖凉粉了。"

陶华碧放弃了那家苦心经营多年的"实惠餐厅"，经过认真的筹备，借了村委会的两间房子，于 1996 年 7 月正式办起了一家专门生产"老干妈麻辣酱"的食品加工厂，而一开始员工只有 40 名。

在当时来说，陶华碧的食品加工厂虽然只有两间房，但产供销整个链子却都俱全。陶华碧不仅要管理好几十个工人，还要与税务、工商、城管等部门打交道。这对于大字不识几个的农村妇女来说是一件十分困难的事，但陶华碧还是经营下来了。有人问起她到底用了什么"绝招"经营好这个工厂的，她是这样回答的：一开始她用的是最"老实"的办法，就是老板做到身体力行，工人们跟着老板干。陶华碧从不指责自己的员工，她经常和员工说："在这里，你们就是我的家里人，你们也要把这里当成自己的家里一样。你们跟着我做就行了。"

"老干妈麻辣酱"每道工序基本都是手工制作的。当中有一道比较"不好玩"的工序：捣麻椒、切辣椒。因为在做这道工序时，菜刀是一起一落的，通常那些溅起的辣椒飞沫会让人的眼睛受不了，会"辣"出眼泪来，所以工人们对这道工序都"敬而远之”。于是，陶华碧自己干了起来，她双手握着两把菜刀，双臂一起用力，菜刀一上一下地翻飞，还对着大家说：“只要把切辣椒当成切苹果，那就不会辣到眼睛了。”工人们听完都笑了，随即也拿起菜刀干活……工厂刚开工那会儿，工人们干得辛苦，陶华碧知道大家都不容易，她以身作则，凡事亲力亲为。结果落下了肩周炎的病根，因双手长期搅拌麻辣酱，她的 10 个手指甲全部变样了。

最让陶华碧担忧的是，刚创业那时，麻辣酱的产量不高，但当地的凉粉店铺还是没有办法全部消化掉，那些剩下的部分都要靠陶华碧去销售。她就用最原始的方法，带着麻辣酱上门推销。虽然这个办法有点“笨”，但成绩却不错，很快那些试销商就给陶华碧打来电话，要求采购更多的麻辣酱，她让工人加倍送去给试销商，竟然又销售一空……看到这些，陶华碧感到几分意外之余，心中也吃下了一颗定心丸。

一年后，“老干妈麻辣酱”的名声在贵阳市打响了，而且贵阳市外的市场也是可以尝试的。有经济头脑的陶华碧心想：水深水浅都试出来了，我“老干妈”还怕什么？老话不是说要“趁热打铁”吗？索性，我扩大规模，把工厂办成公司得了！

1997 年 8 月，陶华碧正式成立了“贵阳南明老干妈风味食品有限责任公司”，员工的规模有 200 多人。这样的规模对于陶华碧来说，最困难的问题不是在生产上，而是如何管理好这 200 多个人。

最让她感到头痛的是，工厂从小作坊扩成公司后，公司得出台相关的规章制度，包括财务、人事等方面的报表也都要她亲自过目、审阅，特别是贯彻执行政府各部门下达的文件、精神；作为贵阳的一个优秀的民营企业，陶华碧还得经常参加各主管部门举行的各种会议，得准备上台发言的演讲稿……没文化的陶华碧面对着这种种的“事儿”颇感力不从心，对她来说就是“赶鸭子上架”。

陶华碧在儿子李贵山的协助下，终于出台了一份带有浓烈乡土气息、原始的公司规章制度，这套制度的宗旨就是“严宽并济，奖罚分明”。但是陶华碧认为只有长子在公司帮忙还是不够的，公司还需要人才。很快，她招聘了一个大学生到公司上班。

“老干妈”公司的发展是迅速的，到2000年末，公司的员工就有1200人，生产总值近3亿元，纳税4315万元。

在2001年初，陶华碧为了进一步扩大公司的生产规模，准备新建一个厂房，但生产原料就用了公司大部分的资金，所以她准备通过银行贷款来建厂。当地政府也很重视“老干妈”，很快贷款的事就办成了。这都源于陶华碧“诚信”的金字招牌。

“诚信”给陶华碧带来了不少好处。她一向是一个风风火火的人，此时更加自信了。

有这么一个故事：一位香港的客户到“老干妈”公司实地考察，这位客人十分敬佩陶华碧的创业历程，他想与陶华碧交换名片。陶华碧微笑地说：“对不起，我不用名片。”那位客商很吃惊，随即感叹道：“您是我见过的唯一没有名片的董事长。”陶华碧自信地说：“在全国各地，爱吃辣椒的人哪个没吃过‘老干妈麻辣酱’呢？‘老干妈’就是一张最好的名片。”

随着陶华碧的企业不断壮大，“老干妈麻辣酱”也家喻户晓。俗话说：人怕出名猪怕壮。“老干妈麻辣酱”在市场上卖得好，就有“山寨”商品的出现。市面上每年竟然有50多种“山寨”的“老干妈麻辣酱”在销售。陶华碧对这些假冒伪劣商品感到头痛不已，她决定不再对此事“讲感情”了，开始了大规模打假。她派人到各地去调查，但假冒的“老干妈麻辣酱”并没有因此消失，就如韭菜一样，割了一茬儿很快又有一茬儿。她多次公开表示：“我才是真正的‘老干妈’！”但湖南的一家“老干妈”却一直没有退出市场，陶华碧这次不再手软了，与这家“山寨”厂家对抗到底。官司前后打了3年，最终陶华碧的“老干妈”取得了胜利。2003年5月，陶华碧的“老干妈”终于拿到了国家商标局的注册证书。

后来的“老干妈”公司名列中国私营企业50强排行榜的第5位，很难想象一个没有上过学的农村妇女居然可以把一个民营公司经营得这样的成功，这不得不让每个人感到佩服和尊敬。陶华碧创造了新时代的一个童话，而她的成功是值得人们去深思和学习。

46. 夏美鹃：开创“玩具医院”，让财富急速剧增

2007年的春天，那是个令夏美鹃永远也无法忘怀的季节。当时的湖北襄城都处都笼罩在一片雾气之中，公路上来来往往的公交车行驶着，飞快地将街边的景色远远地甩在后面。此时的夏美鹃坐在行驶的公交车上，失神地看着窗外，心中异常纠结。

就在前一天晚上，她的同事给她打了一个电话：为了维持电子厂的正常运营，因此电子厂决定进行大规模裁员。

在电子厂里，夏美鹃是一个资历浅，对公司又没有任何贡献的小技术员，她前一年刚从大学毕业之后便来到了电子厂。在电子厂决定裁员的当口，她肯定是最先被裁掉的人。

在接到同事电话半个月之后，她就和其他三十多个同事一起收到了人力资源部长发下的辞退通知书。

鉴于父母年纪大了，不能承受太大的打击，所以夏美鹃只能

耐心地安慰他们，并对他们说：“请你们不要担心，就凭你女儿的实力，找份工作绝对不是件难事”。然而实际上，对于以后的路，她也不知道该如何走，甚至她还感觉到前途一片渺茫。

无论夏美鹃如何做工作，当女儿下岗的通知下来时，父母的叹息也就多了。为了不让父母看到自己尴尬的样子，夏美鹃只能一个人坐在小区的花园里面，看着过往的行人，暗自为自己着急。

就是在夏美鹃常去的那个小花园里面，每天都有很多孩子过来玩耍，他们手里都拿着各种各样的玩具。

有一天，一个衣着漂亮的孩子手拿着一台崭新的遥控恐龙来到了花园中。如此新奇的玩具马上就吸引了许多年纪差不多的孩子，在孩子们的抢夺中，遥控恐龙失去了控制，从台阶上重重地摔了下去，马上不动了。孩子见状立刻哭了起来，孩子的父亲左右摆弄了很久，最终也没能把恐龙修好。

夏美鹃看到这样的情景，走过去拿过摇控恐龙仔细地看了看，发现原来是恐龙里面的一个焊接点裂开了，而恐龙的外壳也出现了几处裂痕。作为从电子公司出来的夏美鹃自信地对小孩说：“不要哭了，阿姨马上帮你修好它。”

从公园回家后，夏美鹃便拿出了电烙铁把里面断裂的焊点给焊接好了，再用 502 胶把外壳出现的裂痕也粘好了，恐龙马上就可以动了。当她再回到花园将修好的恐龙递给孩子时，孩子接过恐龙，露出了天真的笑容。孩子父亲也特别高兴，他掏出 50 元钱递给夏美鹃，并说：“这遥控恐龙是我大老远地托朋友从美国带回来的，花了好几百美元呢，本来以为就这样报废了，没想到被你给‘救活’了。”

夏美鹃将遥控恐龙修好的消息传开之后，小区里很多家里有问题玩具的人便找到了她家，一时间夏美鹃忙得不可开交。

某一天晚上，一位老大爷手拿一箱子问题玩具敲响了夏美鹃的家门。这位老大爷住在几千米外的另一个小区，他是听到了夏美鹃修玩具的名声慕名而来的。而这箱子里的玩具则是这些年来他那几个孙子一起玩坏的。

老大爷说：“在我们小区，每户人家家里都有些玩坏了的玩具，听说你可以修好，邻居们就让我先拿些玩具过来让你修修，如果你愿意帮我们修玩具，那么我们是会照价付钱的。”

听完老大爷的话之后，夏美鹃心里乐开了花：如今整个市里面都没有专门修理玩具的店，如果可以成立这样一个店，那么这应该是一个特别大的商机！

刚开始的时候，夏美鹃的父母并不同意她去开玩具修理店，他们更希望女儿可以找一份体体面面的工作。夏美鹃却劝父母说：“给别人打工再体面充其量也只是一个打工的，如果自己创业，那么就算起点再低，也是老板，只要我用心去做，那么总有一天会成功的。”

最后父母终于决定支持夏美鹃自己开玩具修理店。

夏美鹃给自己的玩具修理店起了一个有趣的名字：玩具诊所。她表示：“那些坏了的玩具就像是想要找大夫的病人一样，所以我取了这样一个名字。”

玩具诊所开业一个多月时，夏美鹃就盈利了。接着，她又去打印店印了一叠宣传单，然后再利用周末的时间跟父亲一起到附近的小区去发放，并且还专门在家里装了一个业务电话，电话由母亲接听。开业的第二个月夏美鹃就赚了五千多元，而这些钱是她以前在电子厂工作时工资的两倍。

时间一长，客户们就反映了一个共同的问题：夏美鹃的家太不好找了。一位想找她修理玩具的大妈为了找到她家，竟在小区里转了整整一个多小时，到最后还是打了她的业务电话，等夏美鹃的母亲去接的。虽然客户难找到她家，可是工商、税务局的人却找到她这里来了，原因就是她的“玩具诊所”根本就没有办理任何手续。

为此，夏美鹃的父母表示：愿意出资为女儿开店。于是他们便在街道显眼的地方租了间店面，还将各项手续都给办齐了，最后将“玩具诊所”也改名成了“玩具医院”。

虽然生意做得红红火火，可是夏美鹃也有犯难的时候。有一次，一位女士拿着一个坏了的智能娃娃过来，夏美鹃大致地问了一下娃娃出问题的情况便将娃娃给收了下来，可是等到修理的时候，她才发现自己碰上难题了。于是她只能找到那位女士的家中，将玩具的说明书要了过来。经过整整一天的研究，她才最终将娃娃给修好。原来那些智能娃娃内部的控制系统就好像是一台小小的计算机一样，其程序特别复杂。

夏美鹃意识到：如今高级玩具的智能化趋势增强，那么玩具修理的业务也变得越来越复杂，可是自己对于这方面的了解却少之又少。于是她便开始积极地对自己的知识领域进行拓展，一遇空闲时间，她就会去阅读那些与机械、电子、智能相关的书籍，同时订阅了许多与玩具有关的杂志。此外她还收集了很多关于智能型玩具的说明书，当碰到自己不会修的玩具时，她便会登录到这些玩具相关的论坛上去寻求援助。

经营“玩具医院”一段时间以后，夏美鹃就发现了一个问题：其实那些被送过来的玩具，有些顾客自己就可以修好，其中还有一部分玩具是由于使用不当，或者是缺少维护而出现的问题。每当遇上这样的玩具时，她便会分文不取，同时还向顾客作详细的讲解。再后来，她甚至将玩具的日常维护知识进行整理，并将其贴在墙上，供客户们学习。

修理玩具这一工作慢慢地就变成了单一的工作，所以夏美鹃便从厂家购进了一些新奇且有趣的玩具来卖。为了防止出现玩具滞销的情况，她甚至还从某些玩具厂家的网站将其玩具的最新资料下载下来，贴在店里，如果客户有兴趣，她才去进货。因此她出售的玩具一般都没有积压的情况，都特别有市场。

又过了一段时间，有一天，一个人来到了夏美鹃的店里面，问她有没有玩具可以用来出租。原来，孩子都喜欢新鲜的事物，一个玩具玩不了几天就开始厌烦了，所以家长们觉得给孩子买许多玩具特别浪费，于是就想要租用玩具。听了此人的解释，夏美鹃沉思了一会儿，便立刻拿出一部分玩具进行出租，同时还实行了会员制，会员可以享受一定的折扣。

又有人向夏美鹃提出疑问：“我的孩子大了，太多的玩具放在家里也没什么用，我可不可以将这些玩具放在你店里出租呢?”夏美鹃认为代租也是一个不错的主意，因此她又向客户们提供了代租玩具的业务。她负责把那些客户闲置在家里的玩具租出去，并从中收取相应的手续费。当这一业务推出以后，夏美鹃的小店利润就大大增加了。一则可以收取相应的手续费，二则玩具使用的次数多了以后，其破损率也相应地上升了，因而也就带动了玩具修理业务的发展。

就是这样，这个从电子厂下岗的小技术员，利用她自己的专业特长及智慧，将她的“玩具医院”经营得有声有色。

47. 李想："泡泡网"讲述的财富故事

在所有风险投资家看来，李想是比较另类的，他既没有出国留学过，又没有多高的学历，可是他的创业却取得了成功。现在，在专门的IT网站中，排名在前五家的公司，除了李想的公司之外，其他的都是凭借巨额投资给"砸"出来的，只有李想的公司是靠自己滚雪球的方式建立的，所以他的创业历程让许多风险投资家都特别意外。

李想如今身家过亿，他是一个标准的80后。他最开始创业的目标就是赚钱。当时的他，觉得如果能赚二三百万元那就已经很满足了。可是当钱越赚越多的时候，他就觉得钱已经变得不那么重要的。他最想做的就是带着他的团队实现更多的目标。

李想的高中是在石家庄读的，那个时候也是他最早接触计算机开始创业的时候。

“高三的时候，我便学上网了。当时上网特别贵，上一个月的网大概要七八百块钱。”李想说道。就在那以前，李想被个人网站所吸引了。他将自己所有的空闲时间都花在了计算机上，就像其他的计算机迷一样，他也建立了一个属于自己的个人网站。

“刚开始的时候，就是做着好玩，可是我这个人比较要强。如果看到别人做得比较好，那么我肯定要比他做得更好。”李想这样说道。

李想将所喜爱的计算机硬件产品都放在了自己的个人网站上，因此许多人都会上网找他交谈，而他的网站就有了一定的访问量。到了三五个月之后，每天的访问量竟然达到了一万人次。也就是在那个时候，许多广告商便开始找他了。

李想说：“那个时候，对于所有的网站来说，只要你做得好，那么就会有人愿意给你投钱，而且他们的要求也很简单：在网站上显示出他们的广告便可以了。其实钱也挺好赚的嘛。”那个时候，李想网站的广告收入每一个月都达到了六七千元之多。这对于一个学生来说，可以说是一笔不小的财富了。

然而好的情况并没有维持多长的时间，1999 年下半年，互联网泡沫破灭了，李想也就一个广告也接不到了。

尽管碰到了困难，可是李想却从没打算放弃。这主要是由于做网站让他找到了自己想尽全力去做的事情，更是他自己非常喜欢的事情。所以当李想高中毕业以后，他就放弃了继续读书的念头，开始自己创业。“我认为这个机会确实很难得。如果早两年，那么这个机会是不存在的；可是如果晚两年，可能这个机会就过去了。”李想说道。

2000 年，李想便与另外一个朋友一起建立起了 PCPOP（电脑泡泡）网站。他们人生的第一桶金也是靠做网站获得的，差不多有 10 万元。新网站在成立后不久就有了访问量，可是却没有利润。鉴于在石家庄根本就没有收入的情况，所以李想决定去北京发展。

2001 年底，李想便来到了北京，并租了一间农民房。半年之后，PCPOP 网站的访问量就达到了每天 3~5 万人次，因此广告商又来找他了，并且开出了比之前还高的价格。

2002 年，李想的网站成功并搬到了写字楼，那一年网站总收入超过了 50 万元。成功跨出第一步后，李想以后的创业路也就越走越顺利了。2003 年，其网站的总收入竟达到了 200 万元。

李想经营网站并盈利的模式其实非常简单：凭借内容及服务引起用户的关注，等网站的关注量上升以后，广告商就会自己找上门。可是想要做好这两点并不是一件容易的事情。

李想表示，一方面，PCPOP 网站里的内容大部分都是原创的，并不是从其他网站复制过来的。公司本就位于中关村，因此他们每天都可以关注到市场上那些最新的动态。同时厂商还会将那些最新的产品拿过来让他们测评，所以跟其他的网站相比，李想的网站更具专业性，而且其更新速度也特别快。

另外一方面，那些年市场消费行为也发生了很大的变化。以前客户要买东西，他们可能会在电脑市场上去转上好几天。可是现在人们更多的是从网上去寻找自己想要的东西。谁的东西价格最便宜，网站专业性又强，更新速度又快，那么这样的网站肯定会吸引更多的访客去访问。

除了那些由传统的广告所带来的收益之外，李想还开展了一种新的收费模式，即渠道服务。渠道服务指的就是经销商在PCPOP这一网站上租赁摊位来卖东西的一种行为。“这样赚钱真的是太快了。在互联网上，一个手机的流量就相当于大卖场上一半的流量，而且这一半的流量都花在了你的网站上，同时这种经营是不需要人员成本的。一个摊位一个月就可以赚个六七千块。而对于经销商来说，他们只需要每天卖出去一台手机，那么他们的成本就赚回来了，这种双赢的模式，经销商当然也特别喜欢。”

为了让网站的收费更具实效性，李想工作团队下一步的任务就是采用和百度排名相似的方法，实际上就是指取消摊位费，按照实际效果来收费的一种方式。李想表示：“我们会做以下的计算：第一，多少个点击可以产生出一个购买量；第二，平均下来，每一个点击价值多少钱。这样按照实际的点击量来进行收费，可以实现双赢。只要网站的访问量上去了，那么我们的收入也就随之增长。”

虽然渠道服务的收入还是没有办法和广告收入相提论的，但是李想坚信，迟早网站的渠道收入就会出现大幅度上升的情况，甚至还可以与广告收入持平。

后来，PCPOP又推出了一款新的独立网站：汽车类网站。李想本身就喜欢飙车，但他却表示：“之所以推出这个网站，并不仅仅是因为自己喜欢车，更是因为现在汽车市场是一个好的机会。如果你对汽车网站有所了解，你就会发现如今做得成功的汽车网站一般都是从IT这一网站转过来的。汽车网站跟我们现在的网站的线上模式是相同的，而且操作方法也是一样的，里面既需要有内容，又需要作测评，就是由于有了之前的经验，所以我们做起来才会这样顺利。”

与其他汽车类网站不同的是：PCPOP 汽车网不是一个大杂烩，他们将每一款车做成一个独立的网站，在每一个网站上都有新闻，也有测评，不但有数据，而且还有图片。更重要的是他们还成立了供用户交流的论坛，而这种崭新的网站结构也是最让李想得意的地方。“我们的网站是从用户的角度出发的，而那些传统的网站则属于综合性的，用户访问传统网站都是出于被动的。也可以这样理解：网站更新了一些内容，用户就会看这样内容。比方说，在那些传统网站上，用户想要找到一篇与马自达 3 相关的文章是特别费劲的。实际上，从用户的角度而言，他们最关注的是产品，因此我们就将产品进行了细分，这样用户用起来也就更加方便了。这些东西其实以前也是有的，我们只不过是将它们重新组合了一下而已。”

虽然李想的团队并没有掏许多的钱去推广他们的网站，可是其网站的日流量却达到了 10 万人次，排在汽车类网站的第四位。然而李想却觉得这并不是最有价值的东西，当用户数增加之后，那些注册用户的价值肯定会更高的。李想说：“后台用户数据库对于我们来说是很有价值的，它必将成为一笔巨大的财富。”

如今，李想已经成功地成为 80 后的典型代表，他是泡泡网的 CEO。而泡泡网则属于一家集电脑硬件、个人及办公数码产品为一身的信息服务性网站，其 2005 年底营业额为 2000 万元，利润达到了 50%。如果按于市场收购标准来看，那么占公司绝对股份的李想，如今已经身价过亿了。2005 年，李想的网站从 IT 产品行业扩张到汽车专业，并建立了汽车之家这一网站；2006 年 5 月，李想荣获“中国十大创业新锐”荣誉。在李想的心目中，同样一件事情，假如你比他人多付出 5%的努力，那些你可能就可以拿到他人 200%的回报，所以做事一定要认真。对于员工，他也是这样要求的，因为他自己已经成为这个方式的受益者。

48. 时夏影：情调咖啡店的致富密码

大学时期的时夏影心中就有一个“咖啡梦”。她表示：“我们要将法式、金融及咖啡用自己的方式表现并经营出来，做成大上海唯一的品牌，就好比 Central Park（中央公园咖啡馆，系流行情景喜剧中的位于纽约的虚构咖啡馆）在人们心中具有独一无二的地位一样。”

时夏影曾在华尔街工作了 8 年。尽管一直以来，华尔街带给人的感觉都是严谨、苛刻、干练，甚至枯燥，可这并没有影响到时夏影从学生时代开始就一直存在于心里的梦想：开一家自己的咖啡店。

“不管是之前在纽约的校园里看书，还是之后在华尔街从事与电脑相关的工作，我一直保留着自己的爱好：闲暇时到各种特色的咖啡店坐坐。”一开始是因为生活太忙了，所以时夏影对此并没有太多在意。后来工作的时候她才发现：时间越长，自己对于咖啡店的依赖就越强烈。最后她才明白：原来是那个没有实现的咖啡梦在起作用。

就在时夏影迫切想开咖啡店的时候，身处上海的弟弟时欣给时夏影带来了一个好消息：2007年年底，曾做过麦当劳店长且前途无可限量的弟弟辞去了自己之前的工作，现正在一家咖啡店工作以获得经验。

当问到时欣为什么会突然辞去稳定的工作去打工时，时欣显得特别坦然："一直以来我就知道姐姐想开一家咖啡店，再加上我之前做过管理及销售，也积累了许多商业经验，而我对创业也有着浓厚的兴趣。"如时欣所说，他们就是碰到了一个好的机会，使其创业的热情及对咖啡店的热爱交织在了一起。

在这件事情上，时夏影觉得弟弟的选择给了自己很大的勇气，"既然他都已经走出来了，而且把各方面都安排好了，那么我又有什么理由不做呢？"很快，时夏影就将以前的全职工作转成了半职，与弟弟及另一个朋友一起，从2007年年底到2008年3月底将近5个月的时间里，完成了策划选址、装修设计及请人培训的工作。最后于2008年4月份成立了Le Financier（暖心扉），圆了自己多年的梦想。

时夏影表示："那是一家带着华尔街特色的咖啡店，Le Financier里面许多细节的设计灵感都来源于华尔街上形形色色的咖啡店。我将那里的每一家店的特色都用自己的理解表现出来，转变成了独一无二的Le Financier特色。"当他们的咖啡店进行试运营时，时夏影远在华尔街的朋友都通过看照片及了解菜单为她出主意，她差不多每一天都可以收到来自世界各地帮助其开咖啡店的经验。有的朋友会告诉她怎样做沙拉会更正宗，而有的则会告诉她们一些泡咖啡的小方法，等等。时夏影说道："这些建议都特别好，它们使得我们的 Le Financier 更具魅力。"

Le Financier 是一家前期投资较小的实体咖啡店，选址对于它来说是特别重要的。而这项"重任"便交给了弟弟时欣去完成。"当时她身在纽约，负责咖啡店全局的运营，而那些类似于选址等具体问题则是由在上海的我来完成了。"时欣微笑着说道，能和姐姐分工合作，他感到特别高兴。

现在咖啡馆就位于卢湾区蒙自路的"智造局"旁边，尽管每月高达 3 万元的租金确实是一笔不小的开销，可是姐弟俩却从来没有心痛过，与之相反，他们还特别满意之前的选择。按时欣的说法，当时之所以没有选择那些繁华的商圈，主要有两个原因：第一，门店租金太贵；第二，其环境与 Le Financier 应该具有的气质不符合。

"我们希望我们所开的咖啡店可以营造出一种轻松自在的氛围。如今城市职场里的人都特别忙，所以我们想要给他们提供一个可以享受片刻安详的地方。"姐弟俩同时说道。

鉴于咖啡店旁边的"智造局"是特别为 2010 年世博会服务外包而建立起的商务楼群，里面现在一共有 30 多家公司，而且白领员工的数量也相对稳定。与此同时，其周围的小区也已经较为成熟了，再加上其位置离世博会园区很近，所以姐弟俩对于这里所潜在的商机都特别赏识。

时欣表示，尽管咖啡店现在才刚刚试营业 4 个月左右的时间，如今已经有投资方表示愿意加入 Le Financier 的经营，同时还表示愿意用加盟的方式来进行合作。可是姐弟俩对于这一问题都持保留意见。“现在我们只是想要开一个属于我们的咖啡店，看着它慢慢成长，积累与创业相关的经验。”他们觉得享受创业的过程比一味地赚钱更具价值。而时夏影异常淡定地表示，他们在一年时间里都不会再考虑发展连锁店的问题。“肯德基到处都是，可是 Le Financier 却独一无二。”

谈起 4 个月以来遇到的最大困难是什么，姐弟俩都表示：怎样在短时间里较快地稳定好一批客户是他们遇到的最难也是最重要的问题。

“鉴于我们的店面不是很打眼，而且卢湾区现在又在进行全国文明城区的申办工作，所以对招牌及霓虹灯都有严格的管理。因此我们现在能做的就是把店里的东西及服务的质量提上去。”时欣笑着说道。

根据初步统计资料显示：店里每月收益的三分之一基本都得益于主题活动的开展。这里的主题活动指的是将店里的场地以租赁的方式出租给客户以举办各种类型的活动及派对。Le Financier 暂时不收取场地租用费，只按人头每三小时收取 40 元的费用，并向客户提供咖啡和饮料。已经举办的活动有单身派对，大学生交流会，英语角等，其反响特别好。

除了上面所介绍的以外，Le Financier 会根据自己日常的营业情况，在营业时间的不同时间段推出饮料折扣优惠活动，同时还会在中午时段对“智造局”里面的公司提供免费的试吃品，希望可以吸引更多的回头客。

“联动性也是我们比较关注的一个事情，我们在派发九折会员卡时会将客户的联系方式记录下来，当店里有活动时便会以群发邮件的方式告诉每一个会员，其目的就是希望每个客人在这里都可以找到归属感。”时夏影说道，而这种归属感指的就是一种品牌归属感。尽管 Le Financier 面积不大，并且只有一家店。可是它就好像是华尔街一样。华尔街正是由于其独一无二才能成为华尔街的。

49. 张庆杰：以 700 元本钱卖香蕉，卖出过亿身家

每次当张庆杰开车经过深圳书城大厦时，他都会习惯性地去看一下那个建筑，“那是我来深圳最早的落脚点。1987 年，这里还只是一个小山坡，而我就住在那个小山坡上一间被遗弃的水泥瓦房里，并且一住就是两年。”

现在的张庆杰是乐安居的董事长，他属于 20 世纪 80 年代到深圳靠白手起家的一代。然而 18 年过去了，当他再来到以前居住的这个地方时，这里已经高楼林立了。以前的他是一个农村穷汉子，而现在的他却是一个身家过亿的阔老板。以前的出行工具是一辆破旧的自行车，而现在却换成了最新款的宝马七系轿车。

虽然这样，可是当提起那辆破旧自行车时，张庆杰还是记忆犹新。

1968 年，张庆杰在潮阳县港头村出世了。“当时那里是一

个连吃稀饭也没法吃饱的地方，一个人连四分地都分不到。”作为家里的长子，张庆杰在念完小学后就没有再继续去上学，而是去做水果生意以贴补家用。1987 年春节，张庆杰听村里去外面打工的人讲起深圳的钱很好赚。所以还不到 20 岁的张庆杰便离开了家乡，踏上了去深圳淘金的旅程。刚到深圳的张庆杰，手中只有一辆破旧的自行车和之前做水果生意所赚来的 700 元钱。

迫不得已，他只能在深圳干起了自己的老本行：做水果生意。到深圳第二天凌晨的 5 点钟，他便骑了 3 个小时的自行车，去南头进香蕉，然后再到人民桥小商品市场上去卖。“每一次我都会拉一两百斤香蕉，可是那时候深圳的香蕉大部分都是经过处理的，所以过不了两天就会全部坏掉。刚开始的时候因为不知道这一点，所以差不多每天都有很多香蕉因为卖不完而烂掉。自己又吃不了那么多，扔掉嘛又觉得可惜。”想起到深圳时的困难日子，张庆杰至今都难以忘怀。

自村里再到人民桥的小商品市场，这个就是张庆杰刚到深圳创业时每天都要走的路线，可是当他赚够了 1 万元的时候，他并没有想着要回家去盖房子，而是将这些资金投入到了一项全新的行业：摆地摊。

张庆杰表示，当自己在人民桥小商品市场混熟以后才发现那里最好做的生意便是服装。可是自己如果收购港货来来回回地跑这一方式，根本比不上在市场里面租一个地摊来得赚钱。

可是那个时候的深圳特区，人民桥小商品市场里每一家商店生意都特别红火，根本就不会有人愿意租一个地摊给他。张庆杰便在一家卖手表的商店里和店主谈了整整一个星期，最后店主终于同意以 400 元/月的租金，租一个地摊给他。

这又是一个怎么样的地摊呢？“我的第一个地摊连半平方米都不到，其面积刚好可以摆下一个用来装河北鸭梨的纸箱子。”

张庆杰想用这块地来做服装生意。他自己计算过，鸭梨箱子上面刚好可以放下两叠裤子，而服装的利润比较高，资金周转也比较快。他说他那时候进了一种名为“双龙牌”的西裤，其进价为 10 元，售价为 12 元。聪明的他发现这样一条定律：款式新潮的西裤在市场上的销售是最好的。当时张庆杰可以说是从早忙到晚。晚上的时候要去工厂里进货，上午七点就得摆摊子。当时觉得多赚一点是一点，毕竟摊位的租金真的是太贵了。鉴于是白手起家，所以张庆杰没有请任何亲戚朋友过来帮忙，而且他还特别珍惜那些自己用辛苦赚来的钱。当时在深圳做生意有这样一个不成文的规矩：无论你走到哪里，见面都要给对方一支烟。他自己是不抽烟的，而且也舍不得抽烟。可是为了做生意，他口袋里都会放一包烟。烟一直放在口袋里，所以有时连是否发霉了也不知道。

尽管这个鸭梨箱大小的地摊特别小，可是它却是张庆杰事业成功的起点，一个，两个……不久之后，他便在深圳东门、人民桥等繁华小商品市场拥有了数十个地摊，而那段时间张庆杰便在南海、广州、汕头等地奔波，并在各地进货。

张庆杰回想道：“当时一年中差不多有半年的时间都是在车上耗费的，去一趟南海就得一天一夜，实在困了，就在车上眯一下，车到站以后就立即进货。”如此来回地跑，利润却很小。“因为我一直以来的原则就是薄利多销。比方说一块布料我只赚

0.8 元，而一块手表也就赚个 5 元钱。你可不要小瞧这几块钱，我赚的钱就是这样积累下来的。"

1989 年，虽然张庆杰已经有了一定的积蓄，并成了村里小有名气的"万元户"，可是他还是不随便花钱。"我在最初的水泥瓦房里一住就是两年多，那个地方是没有煤气的，由于不舍得用酒精炉来烧热水洗澡，所以两年多时间里我洗的都是冷水澡。"

实际上，从以前的卖水果，到后来的做服装生意，再到创办建材超市，在这十多年的时间里，张庆杰一共从事了数十个行业，其生意也是越做越大。他说："当我觉得一个产业将出现下滑趋势的时候，我便会立即转型，只有这样才可以时刻都掌握最新的市场动态，所以才可以获得不断发展。"

张庆杰是个聪明人，他总能找到隐藏在自己身边的商机。1997 年，也就是服装生意利润开始出现下降情况的时候，他就选择了转行。他说："当你的资本积累到一定程度时，你就得发现另外一些新的行业，而这一行业必须要在你本钱可以控制的范围之内，而且还应该具有让你资本迅速增值的特点。"

1997 年，当意识到珠宝及小家电生意好做时，张庆杰便选择在沙头角做起了他的珠宝生意。而他又在 2000 年以 980 万元的成交价成功买下了赛格广场上的几间铺位。"当时就是觉得华强北的物业肯定是会升值的，现在看来我当时的想法是正确的。"

以前和张庆杰一起创业的人里面，有的现在还在继续做着他们的小本生意，有的在发财以后进行投资又因失误而出现损失惨重的情况，可是张庆杰成功了。那么他投资的秘诀又是什么呢？

"不熟不做是做生意的一个准则。这些年来，我所做的都是商业。比方说卖手机，卖电脑，等等。这些零售服务在本质上是一样的，唯一不同的就是所经营的商品不一样。另外还有一个原则：不管进行哪一种投资，都应该要将其风险控制在自己所能承受的范围之内。”张庆杰说，同时他还表示，每当涉足一个新的行业，他都会进行详细的市场调查，不然他是绝对不会踏入一个新的行业的。

2000 年，张庆杰在南山这个地方找到了一块面积为两万平方米的地块，本来是想在那里开一个百货超市的。可是当时的南山大批楼盘都没有建立，所以那里显得特别荒凉，因此根本不适宜开超市，然而其他行业他又不是很熟悉。他说：“随后我们做了一下调查，发现当时南山还没有任何大的建材市场，而且其周围还有很多在建楼盘，所以认为建材市场肯定是有潜力的，因此就决定在那里开起了建材超市。”结果，他又成功了。

50. 杨玉晶：从播音主持人到家纺市场大赢家

1962 年，杨玉晶在黑龙江木兰县出生了，她的童年是在小兴安岭黑河林区度过的。1978 年，杨玉晶考上了县里的一所中专，因此也就走出了林场，成了一名从大山里走出来的小姑娘。不管人们在什么时候碰到她，都会看到她脸上让人陶醉的笑容。在她自己看来这就是她 5 年多播音工作带给她的最宝贵的“财富”。

1981 年，杨玉晶 19 岁，她从中专毕业了，被分配到了家乡的一所兵工厂里工作。生性活泼又热爱文艺的她，在参加工作后不久就从一名技术工人转变成了单位的宣传员，后来又因为受到当地广播电台的看重，从而成为一名播音员。杨玉晶十分喜欢播音工作，“播音工作告诉我要时刻保持微笑，因为只有在你微笑的时候，你的声音听起来才是最动人的。尽管听众无法看到你的微笑，可是他们却可以用心感受到。”她带着微笑说给记者听，播音员的工作，她一干就是 5 年多。

1988 年，由于丈夫的工作出现了调动，所以杨玉晶将自己喜欢的播音工作给辞掉了，去一家酒店当上了客服经理。在那里，她一直用微笑服务及站立服务训练下属，也学会了怎样才可以得到让他人礼貌对待自己的方法。1990 年，她成功地成为一家贸易公司的对外贸易员，并在那里学会了谈判技巧，还学会了更快地签好合同的方法。她说“以上三次工作的经历为我事业的成功积累了许多宝贵的经验，每个人年轻时候的经历都是他一生宝贵的财富。”

1993 年 3 月，杨玉晶的丈夫被调到了烟台。那时候的杨玉晶认为：女人的事业再好也不能强过丈夫，自己应该做丈夫身后的那个女人。于是她又放弃了之前的工作，和丈夫一起来到了烟台开发区。在到烟台后的第二天，她便在彩云城里租了一间小小的房子开起了百货店，随后又去了一家公司做业务员。这份工作很辛苦，她从早上六点多起就得从家里出发，然后往返于烟台的大街小巷跑业务。杨玉晶表示：“我现在之所以对烟台每个角落都很熟悉，就是因为那份工作带给我的。”

当时烟台一家大酒店正在招人，于是杨玉晶又成功应聘到了那家酒店工作。鉴于以前有过几年客服经理的经验，所以她的工作做得特别好，并在短时间内就成为酒店经理。每天上班都有车接送，她在家的时间也就越来越少了。时间不长，丈夫就表示不再同意她继续做这份工作。

尽管这份工作是杨玉晶做过的最好的工作，可是她却因为丈夫的一句不愿意而提出了辞职。鉴于自己没有多少技术，且她想有更多的时间去照顾家庭，于是她便在开发区里找了份售楼的工作。那个时候售楼这一行业才刚刚起步，公司也没有多少经验可以教给员工，所以经验都靠员工们自己去摸索。杨玉晶凭借自己以前工作的经验，觉得售楼要想成功就必须要了解客户的想法。于是她就打扮成买主，每天都去不同的开发区看楼盘，将他们的位置、户型、价值等信息记下来。到家后便将其做成一个大表格，再与自己公司的房子进行比较，并将自己要出售的房子的优势及卖点找出来。杨玉晶的努力没有白费，她的销售量在公司一直都是最高的，而她对待工作的那份热情也成为全公司学习的榜样。“之后的售楼员都按照这样的方法做，他们还称这个为‘踩盘’。”杨玉晶面带笑容地说。

1995 年，杨玉晶自己成立了一家小型中介企业。根据她的经历，她良好的工作能力很快受到了一家大型药品公司的青睐，并得到了这家公司办公室主任的职位。这份工作不但清闲，而且工资还特别高，可是杨玉晶在干了一段时间后却觉得很无聊，所以就主动要求去做公司的销售代表。总经理劝说杨玉晶道：“医院如今的销售还属于空白状态，之前也有人去做过，由于其中的困难太多，所以都没有成功。”可是杨玉晶却坚持要当药品销售员。鉴于药品属于买方市场，所以当杨玉晶去到各家医院时，就受尽了白眼及驱赶，她回到家后就会在觉得很委屈时大哭一场，可是第二天她又会带着微笑去各大医院。她之所以这样努力是因为她时刻都记得自己曾答应经理一年做出 10 万元的销售业务，她就是一个不肯轻易服输的人。

让众多同行都惊讶的事情最后发生了。在仅仅一年的时间内，杨玉晶就将公司的药品销到了烟台各家大医院，而这年销售总额竟达到了 200 万元。可是就在她为自己所创下的成绩高兴时，药品公司却倒闭了。她之前所创下的成绩也就失去了价值。这样的结果对于一名销售人员而言可以说是晴天霹雳。受到巨大打击的杨玉晶在家里休息了好几天，思考了好几天，之后她便对自己的丈夫说："如今女儿已经长大了，你的事业也取得了成功，我不想再给别人打工了，我想干一番属于我自己的事业，如果我一辈子什么都没有做成的话，我觉得我的人生是会留下遗憾的。所以以后你们要自己照顾自己，我在家里花的时间可能会比之前要少很多，对此我只能说对不起。"

多年来杨玉晶对家庭所做出的贡献，丈夫始终都看在眼里并记在了心上，所以丈夫表示愿意尽全力支持她创立自己的事业。

2001 年，杨玉晶花了一年的时间到各地市场上进行考察，最后选择做床上用品的生意。第二年，她便注册了具有中国风味的"玉锦"家饰品牌。创业初期她到北京，并把公司的客户定位为了高端人群，同时还在北京王府井、西单等众多大型的市场租下了柜台，开始进行销售。可是短短一年的时间，她却赔掉了 70 多万元，饱受打击的她从北京回到了烟台，并一度陷入了迷茫，难不成自己这辈子就注定要失败吗?

看着日渐消瘦的杨玉晶，丈夫放下自己的工作，陪她去海边走了整整一个下午，两人聊了很多，丈夫也很了解妻子的心情。他当时已经是公司的财务经理了，而且收入也特别可观，可是为了帮助妻子实现她的理想，他毅然决然地辞掉了自己的工作。然而杨玉晶却害怕再次失败后，家里会被她弄得一团糟。可是丈夫却鼓励她道："不要有太多的心理负担，就算失败了，我们还可以用自己的双手去打拼，只要你这辈子没有遗憾就好了。"

随后杨玉晶和丈夫一同为了"玉锦"而奋斗，最后在丈夫的帮助下，"玉锦"很快就得到了所在开发区领导的关怀，杨玉晶一心扑在公司上，最后终于成就了烟台"玉锦"家饰品牌。如今她已经拥有了10多家店铺，"玉锦"家饰还获得了诸多荣誉。作为一名成功女性，杨玉晶也被邀请参加了开发区女子商会。取得成功的杨玉晶也没有忘记回馈社会，她热心公益事业，在招聘员工方面也下了一番功夫，其员工绝大部分都为上了年纪的下岗女工。